CATALOGUE

DE

BEAUX LIVRES

ANCIENS ET MODERNES

COMPOSANT

LA BIBLIOTHÈQUE DE M. LE MARQUIS V... DE U...

Saurin. Discours historiques de la Bible, 6 vol. in-fol., mar. rouge. *Aux armes de Mme de Pompadour.* — Horae, mss. du XVe siècle, avec 20 miniatures. — Sermons de Bourdaloue, 16 vol. in-8, mar. rouge. — Ordonnances des rois de France, 23 vol. in-fol. mar. rouge. *Aux armes du duc d'Orléans.* — Essais de Montaigne, 1588, in-4. — La Rochefoucauld. Maximes et Réflexions, 1665, in-12. *Édition originale.* — Cuvier. Le Règne animal, 20 vol. gr. in-8, fig. coloriées. — Watteau. Études et Paysages, in-fol. — Galerie des peintres flamands. *Épreuves avant la lettre.* — Cabinet Poullain. *Épreuves avant la lettre.* — Galerie du Palais-Royal, 3 vol. in-fol. — Galeries historiques du Palais de Versailles, 19 vol. in-fol. — Le Moyen-âge et la Renaissance, 5 vol. in-4, exemplaire unique imprimé sur PEAU DE VÉLIN. — Métamorphoses d'Ovide, 4 vol. in-4, 144 figures de Moreau et Le Barbier. *Épreuves avant la lettre et eaux-fortes.* — Recueil de fabliaux. — Roman du Renart. — Roman de la Rose. — Œuvres d'Alain Chartier, Clément Marot, Mellin de Saint-Gelais, Joach. du Bellay, etc. — La Fontaine. Fables et Contes. — Chansons de La Borde. — Molière. Œuvres, 1666, et Pièces en éditions originales. — Œuvres de Racine et pièces en éditions originales. — Bossuet. Histoire des variations, 2 vol. in-4, mar. rouge. *Aux armes de Lamoignon.* — Tableaux de la Révolution française, 3 vol. in-fol. avec 650 gravures ajoutées. — Collection des classiques français, 73 vol. grand in-8, avec 650 figures ajoutées, etc., etc.

PARIS

FONTAINE ET HAVERNA
LIBRAIRES
35, PASSAGE DES PANORAMAS

CHARLES PORQUET
LIBRAIRE
1, QUAI VOLTAIRE

1884

CATALOGUE

DE

BEAUX LIVRES

ANCIENS ET MODERNES

LA VENTE AURA LIEU

Le Lundi 26 *Janvier et les deux Jours suivants*

A DEUX HEURES PRÉCISES

HOTEL DES COMMISSAIRES-PRISEURS

RUE DROUOT, 9, SALLE N° 3, AU PREMIER

Par le ministère de Me MAURICE DELESTRE, commissaire-priseur
Rue Drouot, 27

Assisté de M. CH. PORQUET, libraire, 1, quai Voltaire

CONDITIONS DE LA VENTE

La vente se fait au comptant.

Les acquéreurs paieront 5 p. 100 en sus des enchères applicables aux frais.

Les livres devront être collationnés sur place dans les vingt-quatre heures de l'adjudication.

Passé ce délai, ou une fois sortis de la salle de vente, ils ne seront repris pour aucune cause.

MM. Ch. Porquet, Fontaine et Haverna rempliront les commissions des personnes qui ne pourraient assister à la vente.

Paris. — Typ. G. Chamerot, 19, rue des Saints-Pères. — 16884

CATALOGUE

DE

BEAUX LIVRES

ANCIENS ET MODERNES

COMPOSANT

LA BIBLIOTHÈQUE DE M. LE MARQUIS V... DE U...

Saurin. Discours historiques de la Bible, 6 vol. in-fol., mar. rouge. *Aux armes de Mme de Pompadour.* — Horae, mss. du xve siècle, avec 20 miniatures. — Sermons de Bourdaloue, 16 vol. in-8, mar. rouge. — Ordonnances des rois de France, 23 vol. in-fol. mar. rouge. *Aux armes du duc d'Orléans.* — Essais de Montaigne, 1588, in-4. — La Rochefoucauld. Maximes et Réflexions, 1665, in-12. *Édition originale.* — Cuvier. Le Règne animal, 20 vol. gr. in-8, fig. coloriées. — Watteau. Études et Paysages, in-fol. — Galerie des peintres flamands. *Épreuves avant la lettre.* — Cabinet Poullain. *Épreuves avant la lettre.* — Galerie du Palais-Royal, 3 vol. in-fol. — Galeries historiques du Palais de Versailles, 19 vol. in-fol. — Le Moyen-âge et la Renaissance, 5 vol. in-4, exemplaire unique imprimé sur PEAU DE VÉLIN. — Métamorphoses d'Ovide, 4 vol. in-4, 144 figures de Moreau et Le Barbier. *Épreuves avant la lettre et eaux-fortes.* — Recueil de fabliaux. — Roman du Renart. — Roman de la Rose. — Œuvres d'Alain Chartier, Clément Marot, Mellin de Saint-Gelais, Joach. du Bellay, etc. — La Fontaine. Fables et Contes. — Chansons de La Borde. — Molière. Œuvres, 1666, et Pièces en éditions originales. — Œuvres de Racine et pièces en éditions originales. — Bossuet. Histoire des variations, 2 vol. in-4, mar. rouge. *Aux armes de Lamoignon.* — Tableaux de la Révolution française, 3 vol. in-fol. avec 650 gravures ajoutées. — Collection des classiques français, 73 vol. grand in-8, avec 650 figures ajoutées, etc., etc.

PARIS

FONTAINE ET HAVERNA
LIBRAIRES
35, PASSAGE DES PANORAMAS

CHARLES PORQUET
LIBRARE
1, QUAI VOLTAIRE

1884

ORDRE DES VACATIONS

PREMIÈRE VACATION

Lundi 26 *janvier*

	Numéros.
Belles-Lettres	82 — 103
—	120 — 131
—	207 — 229
Histoire	230 — 242
Belles-Lettres	148 — 161
—	164 — 177
Œuvres de Molière	162 — 163

DEUXIÈME VACATION

Mardi 27 *janvier.*

Belles-Lettres	132 — 147
Théologie	1 — 15
—	17 — 36
Jurisprudence	37
Belles-Lettres	183 — 206
—	178 — 182
—	104 — 119
Horæ mss. in-4°	16

TROISIÈME VACATION

Mercredi 28 *janvier.*

Sciences et Arts	38 — 66
Histoire	272 — 296
—	243 — 271
Beaux-Arts	67 — 81
Collection des classiques français	297

PREMIÈRE PARTIE

PREMIÈRE PARTIE

THÉOLOGIE

ÉCRITURE SAINTE. — LITURGIE
SAINTS PÈRES ET THÉOLOGIENS

1. La Sainte Bible, en latin et en françois, avec des notes littérales pour l'intelligence des endroits les plus difficiles (par Le Maistre de Sacy), avec la Concorde des quatre évangélistes (par le Dr Arnauld), les livres apocryphes, en latin et en françois, et plusieurs autres pièces. *A Paris, chez Guillaume Desprez,* 1715, 3 vol. in-fol., front. gravé, mar. rouge, fil., tr. dor.

   Aux armes et au chiffre du comte d'Hoym.

2. La Sainte Bible, en latin et en françois, avec des notes littérales, critiques et historiques, des préfaces et des dissertations, tirées du commentaire de Dom Augustin Calmet. *A Paris, chez Gabriel Martin,* 1748, 14 vol. in-4, mar. vert, fil., dos ornés, tr. dor.

   Aux armes de Madame Victoire, fille de Louis XV.

3. La Sainte Bible, en latin et en françois, suivie d'un dictionnaire étymologique, géographique et archéolo-

gique. *A Paris, chez Lefevre,* 1828, 13 vol. in-8, fig. de *Devéria,* demi-rel. mar. brun, dos et coins, tête dor., non rognés.

Exemplaire en grand papier jésus vélin, avec les figures en triple état, sur papier de Chine et sur papier blanc AVANT LA LETTRE et les EAUX-FORTES.

4. La Sainte Bible, selon la Vulgate, traduction nouvelle avec les dessins de Gustave Doré. *Tours, Alfred Mame,* 1866, 2 vol. in-folio, fig., mar. rouge, compart. et arabesques, mosaïque de mar. blanc, bleu et brun, doublé de mar. rouge et grenat, gardes de tabis, tr. dor.

5. Le Nouveau Testament de Nostre Seigneur Jésus-Christ, traduit en françois, selon l'édition Vulgate, avec les différences du grec (par Arnauld, Sacy et Nicole). *A Mons, chez Gaspard Migeot,* 1677, in-4, front. gravé, mar. rouge, fil., tr. dor. (*Rel. anc.*)

6. Les Évangiles des dimanches et des fêtes de l'année, suivis de prières à la sainte Vierge et aux saints. *Paris, L. Curmer,* 1864, in-4, mar. brun, dent., dos orné, dent. intér., tr. dor. (*Hardy-Mennil.*)

Figures et encadrements en or et en couleurs, à l'imitation des anciens manuscrits.

7. Les Saints Évangiles, traduction de Bossuet, figures dessinées par M. Bida, gravées à l'eau-forte sous la direction de M. Ed. Hédouin, ornements dessinés par M. Rossigneux et gravés par M. Gaucherel. *Paris, Hachette,* 1873, 2 vol. in-fol., fig., mar. rouge, fil. à la Du Seuil, dos ornés, dent. intér., tr. dor. (*Chambolle-Duru.*)

Exemplaire en grand papier de Hollande.

8. DISCOURS HISTORIQUES, critiques, théologiques et moraux sur les événemens les plus remarquables du Vieux et du Nouveau Testament, par M. Jaques Saurin, avec des figures gravées sur les dessins de MM. Hoet, Houbraken et Picart. *A La Haye, chez Pierre de Hondt,*

1728, 6 vol. in-fol., mar. rouge, dent., dos ornés, tr. dor.

Très bel exemplaire, papier super-royal. Aux armes de madame LA MARQUISE DE POMPADOUR.

9. Histoire de la vie de Jésus-Christ, par le P. de Ligny, édition ornée de gravures d'après les tableaux des plus grands maîtres. *A Paris, de l'imprimerie de Crapelet,* 1804, 2 vol. in-4, pap. vélin, fig., demi-rel. mar. chag. brun, tête dor., non rognés.

75 figures ÉPREUVES AVANT LA LETTRE.

10. Trois Livres de l'Humanité de Jesu Christ, divinement descripte, et au vif representée par Pierre Aretin Italien, nouvellement traduictz en françois. *S. l.* (*Lyon*), 1539, pet. in-8, mar. brun jans., dent. intér., tr. dor.

11. Figures de la Bible, declarées par stances, par G. C. T. (Gabriel Chappuis, Tourangeau), augmentées de grand nombre de figures aux Actes des Apôtres. *A Lyon, par Barthelemi Honorati,* 1582, in-8, fig. sur bois, mar. bleu jans., dent. intér., tr. dor. (*Trautz-Bauzonnet.*)

Exemplaire provenant de M. le baron de La Roche Lacarelle.

12. Speculum Passionis Domini nostri Jesu Christi. (In fine :) *Speculum de Passione Domini nostri Jesu Christi cum textu quatuor evangelistarum... per doctorem Udalricum Pinder in civitate Nurembergensi bene visum et impressum;* anno *MCCCCCVII,* in-folio, fig., mar. brun jans., dent. intér., tr. dor. (*Trautz-Bauzonnet.*)

Première édition à 2 colonnes, en caractères ronds. Elle est divisée en trois parties et ornée de 40 grandes et belles planches et de 37 petites gravées sur bois par Hans Scheuffelein, dont le monogramme se trouve au verso du 73e feuillet.

13. Recueil des plus notables sentences de la Bible, traduites par quatrins en manière de proverbes, à la consolation des devots esprits, et nouvellement des religieux, pour se dresser et maintenir au poinct de leur estat; qui est, en fuyant le monde, de se tenir pres de Dieu, par F. Anselme Du Chastel. *A Paris, par Ma-*

mert-Patisson, 1577, in-4, mar. vert, dent. intér., tr. dor. (*Trautz-Bauzonnet.*)

14. Physique sacrée, ou Histoire naturelle de la Bible, traduite du latin de M. Jean-Jaques Scheuchzer, enrichie de figures en taille-douce, gravées par les soins de Jean André Pfeffel. *A Amsterdam, chez Pierre Schenk*, 1732, 8 vol. in-fol., fig., mar. bleu, fil., dos orné, tr. dor. (*Rel. anc.*)

15. Traité de la situation du Paradis terrestre, par messire Pierre-Daniel Huet. *A Paris, chez Jean Anisson*, 1691, in-12, veau fauve, fil., dos orné, dent. intér., tr. dor.

16. HORÆ. Manuscrit in-4 de 238 feuillets, mar. olive, fil., tr. dor., coins et fermoirs en argent de la même époque que la reliure, très finement ciselés; sur le dos le Christ en croix; sur l'un des plats, les saintes femmes au pied de la croix; sur l'autre la salutation angélique. Ces sujets, entourés de feuillages, dorés à petits fers, rappellent absolument les ornements employés pour les reliures du roi Henri III.

Ce splendide manuscrit, exécuté au xve siècle sur très beau vélin, mesure 199 millimètres de hauteur sur 145 millimètres de largeur. Il est orné de 20 miniatures que l'on peut attribuer à l'un des artistes de l'École de Bourgogne.

Les douze premiers feuillets sont occupés par le calendrier, écrit en lettres rouges, d'azur et d'or avec initiales peintes rehaussées d'or.

Chaque page est décorée d'une charmante bordure en or et en couleurs, représentant des fleurs et des fruits, au milieu d'arabesques et de rinceaux délicatement peints.

Les miniatures, mesurant de 90 à 100 millimètres de hauteur sur 65 millimètres de largeur, sont remarquables par la finesse du dessin, la richesse du coloris, et présentent un véritable intérêt au point de vue du costume, de l'architecture et de l'ornement de l'époque.

Toutes sont entourées de bordures à pleine page. En voici les sujets :

1. SAINT JEAN L'ÉVANGÉLISTE. L'apôtre, assis sur le bord de la mer, au pied d'un rocher, dans l'île de Pathmos, écrit son Évangile. Il est vêtu d'une tunique incarnat; ses cheveux blonds

tombent sur ses épaules; sa tête, d'une admirable expression, est nimbée d'or. Il tient sur ses genoux une grande feuille sur laquelle sont tracés les premiers mots de son Évangile; près de lui un aigle aux ailes déployées. Dans le lointain, sur la rive opposée, on aperçoit une ville et ses nombreuses tours.

2. Saint Luc. L'Évangéliste est assis sur un banc dans un oratoire, devant un pupitre de bois. Il est vêtu d'une longue robe bleue recouverte d'un manteau à reflets d'or; sa tête est nimbée d'or; son attribut ordinaire, un bœuf roux ailé, est à sa gauche.

3. Saint Matthieu. Un ange aux ailes vertes, vêtu d'une longue robe blanche, teintée de rose, un rouleau à la main, se tient à genoux devant l'Évangéliste. Saint Matthieu, assis sur un banc de bois, est en train d'écrire. Il est vêtu d'une robe incarnat, à reflets d'or, recouverte d'un manteau bleu; sa tête est nimbée d'or.

4. Saint Marc. L'Évangéliste, vêtu d'une robe verte recouverte d'un manteau incarnat à reflets d'or, est assis sur un banc de bois; sa tête est couverte d'un chaperon noir. Il est en train d'écrire sur un pupitre en bois. Son attribut ordinaire, un lion aux ailes déployées, est assis devant lui.

5. La Vierge et l'Enfant Jésus. Cette miniature représente la Vierge allaitant l'Enfant Jésus. Sainte Marie, revêtue d'une robe violette, présente son sein virginal au divin Sauveur qu'elle porte dans ses bras et dont le corps est revêtu d'une robe verte; à droite et à gauche de la mère de Dieu, plusieurs anges peints en camaïeu contemplent l'Enfant Jésus, dont ils sont séparés par une draperie ornementée, surmontée d'un large dais. Un cercle oval rose, jaune et bleu entoure ces personnages, et ses diverses couleurs sont coupées par des flammes d'or.

6. Les premiers Pas de l'Enfant Jésus. La sainte Vierge, vêtue de bleu et la tête nimbée d'or, est assise et tend les bras à son fils qui, vêtu d'une robe violette à reflets d'or, est conduit par un ange aux ailes vertes vers sa divine mère.

7. L'Annonciation. La sainte Vierge est à genoux devant un prie-Dieu. Elle est vêtue d'une robe bleue et enveloppée en partie par un manteau bleu bordé d'or. L'ange Gabriel, vêtu d'un manteau violet à reflets d'or, est à genoux devant Marie, les ailes déployées; il tient, de sa main droite, une banderole sur laquelle on lit les paroles de la salutation angélique; au fond, dans l'embrasure de la fenêtre d'une cathédrale, l'on voit le divin Créateur de toutes choses, tenant un monde dans une main et de l'autre bénissant la sainte Vierge.

8. La Visitation. La sainte Vierge, vêtue d'une robe bleue, est au milieu d'un chemin. Sainte Élisabeth, vêtue d'une robe violette à reflets d'or sur laquelle flotte un manteau de pourpre, est à ses genoux. La sainte Vierge est accompagnée par une suivante qui

porte une aumônière; elle est coiffée d'un bourrelet noir supportant un chapeau écarlate.

9. NAISSANCE DE JÉSUS-CHRIST. Dans une grange couverte en chaume, où reposent un âne et un bœuf, la Vierge à genoux, contemple l'Enfant divin couché sur les plis de son manteau. Des rayons de lumière jaillissent du corps du Sauveur dont la tête est nimbée d'or. Saint Joseph, tête nue, à genoux, revêtu d'un manteau incarnat à reflets d'or, tient une lanterne dans sa main droite.

10. L'ANNONCIATION AUX BERGERS. Dans une prairie, deux bergers, l'un debout appuyé sur une houlette, l'autre assis, tous les deux vêtus d'habits en lambeaux, sont surpris par l'apparition au firmament de deux anges portant une banderole sur laquelle est écrit: *Puer natus est.* Dans le lointain, on aperçoit un beau château et de nombreuses tourelles.

11. L'ADORATION DES MAGES. La sainte Vierge, assise dans la grange de Bethléem, vêtue d'une robe bleue, la tête couverte d'un voile blanc, tient l'Enfant Jésus sur ses genoux. A ses pieds, le plus âgé des rois mages, vêtu d'une robe verte recouverte d'un manteau rouge doublé d'hermine, présente un coffret au divin Enfant. Le second roi, debout, est vêtu d'une robe violette à reflets d'or; il est coiffé d'un bonnet orné de pierreries; d'une main il indique à un serviteur, vêtu de rouge et portant un vase d'or, l'endroit où il doit déposer son précieux fardeau.

12. LA CIRCONCISION. L'Enfant Jésus est debout, sur une table couverte d'une draperie blanche; saint Siméon, couvert de riches ornements sacerdotaux, soutient le Fils de Dieu. La sainte Vierge, tenant un linge dans les mains, et sainte Anne sont à la gauche du grand-prêtre. A droite, saint Joseph, vêtu d'une robe incarnat à reflets d'or, la tête couverte d'un capuchon, et un homme habillé de vert, la tête couverte d'un bonnet noir.

13. LA FUITE EN ÉGYPTE. Saint Joseph, vêtu d'une robe violette recouverte d'un manteau rouge à reflets d'or, guide l'âne portant la sainte Vierge, vêtue de bleu, tenant sur elle l'Enfant Jésus. Derrière l'animal marche une servante, vêtue d'une robe brune à reflets d'or, portant sur sa tête un panier rempli d'œufs.

14. COURONNEMENT DE LA VIERGE. Dieu, revêtu d'ornements pontificaux et la tiare cerclée de trois couronnes d'or, est assis sur un trône; il tient d'une main un monde, et de l'autre bénit la sainte Vierge agenouillée à ses pieds; elle est accompagnée de deux anges aux ailes déployées; au fond, derrière une balustrade, on voit un chœur de chérubins peints en camaïeu; l'un d'eux tient une couronne d'or suspendue au-dessus de la tête de la mère de Jésus.

15. LE ROI DAVID. David, revêtu d'un riche costume, à genoux devant un pupitre, invoque le Seigneur; une harpe est à côté

de lui. Dieu, entouré de rayons lumineux, lui apparaît dans le ciel.

16. Le Crucifiement. Jésus rend le dernier soupir, ses yeux sont fermés, sa tête est pendante. A gauche, au pied de la croix, enveloppée dans un grand manteau bleu qui lui couvre la tête, la Vierge Marie s'affaisse entre les bras de saint Jean et des saintes femmes. A droite, un groupe de soldats couverts de riches armures; à leur tête, leur chef revêtu d'un brillant costume, composé d'une tunique violette et d'un manteau incarnat à reflets d'or.

17. La Descente du Saint-Esprit. La sainte Vierge, agenouillée devant un prie-Dieu, est entourée des Apôtres; au-dessus d'eux, le Saint-Esprit paraît sous la forme d'une blanche colombe.

18. Vigiles des Trépassés. La Mort, armée d'une flèche, frappe une jeune femme au moment où son deuxième mari la conduit au lit nuptial. Le cadavre du premier mari, enveloppé d'un linceul, est étendu à ses pieds. Les personnages qui les accompagnent assistent terrifiés à cette scène lugubre.

19. Notre-Dame de Miséricorde. La sainte Vierge, assise sur un trône surmonté d'un dais brodé d'or, tient sur ses genoux l'Enfant Jésus auquel un ange présente un vase de parfums, tandis qu'un autre ange joue de la flûte.

20. La Sainte Trinité. Dieu le père, Dieu le fils, tenant un livre sur leurs genoux, séparés par le Saint-Esprit représenté sous la forme d'une blanche colombe, sont assis sur un trône magnifique. Ils sont environnés de nombreux anges peints en camaïeu.

En plus des 20 miniatures décrites ci-dessus, ce manuscrit, d'une admirable conservation, est orné d'une quantité de lettres en or et en couleurs. Toutes les rubriques : les XV Joies Nostre Dame, et les VII Epistres Nostre Seigneur, sont écrites en français.

17. Horæ beatissimæ Virginis Mariæ, ad usum romanum. *Antwerpiæ, ex officina Christ. Plantini*, 1569, in-8, veau fauve, compart., fil., riches dorures, tr. dor. (*Rel. du XVIe siècle.*)

Remboîtage.

18. Livre d'heures d'après les manuscrits de la Bibliothèque royale. *Paris, Engelmann et Graf*, 1846, in-12, mar. brun, fers à froid, fermoirs.

Figures et encadrements en or et en couleurs, d'après les anciens manuscrits.

19. Œuvre de Jehan Fouquet. — Heures de maistre Estienne Chevalier, texte restitué par M. l'abbé Delaunay. *Paris, L. Curmer*, 1866, 2 vol. in-4, mar. rouge brun, fil., dos ornés, dent. intér., tr. dor.

Figures et encadrements en or et en couleurs à l'imitation des anciens manuscrits.

20. Prières du matin et du soir pour tous les jours de la semaine. *S. l. n. d.* (*Paris, Rigaud*, 1714), in-8, fig. et vignettes de *Coypel*, gravées par *Tardieu*, mar. bleu, jans., doublé de mar. orange, compart. de fil., feuillages et ornements, dorure à petits fers, tr. dor. (*Chambolle-Duru.*)

21. Livre de prières, publié par Ch. Mathieu. *Paris, A. Morel*, 1867, in-12, mar. brun, larges dent., dos orné, doublé de tabis, mors de mar., tr. dor.

Encadrements en or et en couleurs, d'après les manuscrits du VIIIe au XVe siècle.

22. D. Basilii, archiepiscopi Cæsareæ Cappadociæ, orationes de moribus XXIIII, Simone magistro ac logotheta auctore (græce). *Parisiis, apud Guil. Morelium*, 1556, in-8, veau fauve, fil., dos orné, tr. dor. (*Simier.*)

Exemplaire provenant de la bibliothèque de M. Yemeniz.

23. La Cité de Dieu de saint Augustin, traduitte en françois (par Lombert). *A Paris, chez André Pralard*, 1675, 2 vol. in-8, mar. rouge, fil. à la Du Seuil, dos ornés, tr. dor. (*Rel. anc.*)

Exemplaire de J.-B. Colbert.

24. Le Fouet divin des jureurs, parjureurs et blasphemateurs du tressainct nom de Dieu, de Jesus et des Saincts, par le R. P. F. Jean Bernard. *A Douay, de l'imprimerie de Marc Wyon*, 1618, in-12, titre gravé, veau fauve, fil., dos orné, tr. dor.

25. Ordonnance de monseigneur l'archevêque duc de Reims, en forme d'instruction pour la Faculté de théo-

logie de l'Université de Reims, à l'occasion de deux thèses de théologie soutenues dans le collége des Jésuites de la mesme ville. *A Paris, chez Jean Anisson,* 1697, in-8, mar. rouge, fil., dos orné, tr. dor.

Exemplaire portant sur les plats la croix de la maison royale de SAINT-CYR.

26. SERMONS DU P. BOURDALOUE (publiés par le P. F. Bretonneau). *A Paris, chez Rigaud,* 1707-1721, 14 vol. — Pensées. *A Paris, chez Cailleau,* 1734, 2 vol. — Ens. 16 vol. in-8, portr. d'après *Jouvenet*, gravé par *Simonneau,* mar. rouge, fil., dos ornés, gardes de pap. dor., tr. dor. (*Rel. anc.*)

Bel exemplaire.

27. Œuvres complètes de Massillon, évêque de Clermont (avec son éloge par d'Alembert). *A Paris, chez Raymond,* 1821, 13 vol. in-8, portr., demi-rel. mar. chag. dos et coins, tête dor., non rognés.

28. Thomæ a Kempis de Imitatione Christi libri quatuor. *Lugduni, apud Joh. et Dan. Elsevirios, s. d.,* pet. in-12, titre gravé, mar. rouge, fil., dos orné, tr. dor. (*Rel. anc.*)

29. Les Quatre Livres de l'Imitation de Jésus-Christ, traduits et paraphrasés en vers françois par P. Corneille. *Imprimé à Rouen, par L. Maurry, pour Robert Ballard,* 1656, in-4, front. et 4 figures de *Fr. Chauveau,* veau fauve, dos orné.

Bel exemplaire aux armes de L. DE BEAUMONT, évêque de Saintes.

30. Imitation de Jésus-Christ. *Paris, L. Curmer,* 1858, 2 vol. in-4, fig., mar. rouge, fil. à la Du Seuil, dos ornés, dent. intér., tr. dor.

Figures et encadrements en or et en couleurs, à l'imitation des anciens manuscrits.

31. Œuvres complètes de saint François de Sales, évêque et prince de Genève; nouvelle édition, revue,

corrigée et augmentée d'un grand nombre de pièces inédites. *Paris, J.-J. Blaise,* 1833, 20 vol. in-8, demi-rel. mar. chag., dos et coins, tête dor., non rognés.

32. Pieux Désirs imités des latins du R. P. Herman Hugo, mis en lumière par Boëce à Bolswert. *Ils se vendent à Paris, chez Séb. Cramoisy, s. d.*, in-12, fig. sur cuivre, mar. bleu jans., dent. intér., tr. dor. (*Duru.*)

33. Explication des Maximes des Saints sur la vie intérieure, par François de Salignac-Fénelon. *A Paris, chez Ch. Clouzier,* 1697, in-12, mar. rouge jans., dent. intér., tr. dor. (*Petit.*)

Édition originale.

34. L'Année chrétienne, contenant les messes des dimanches, fêtes et féries de toute l'année, en latin et en françois. *A Paris, chez J.-Fr. Josse,* 1741, 13 vol. in-12, mar. vert, large dent., dos orné, tr. dor. (*Rel. anc.*)

35. Consolation et Réjouissance pour les malades et personnes affligées, par le R. P. Estienne Binet. *A Rouen, chez Guill. de La Haye,* 1625, in-12, mar. rouge, fil., dos orné, dent. intér., tr. dor.

36. Démonstration de l'existence de Dieu, tirée de la connaissance de la nature, et proportionnée à la faible intelligence des plus simples (par Fénelon). *A Paris, chez Jacques Estienne,* 1713, in-12, mar. rouge jans., dent. intér., tr. dor. (*Chambolle-Duru.*)

Édition originale.

JURISPRUDENCE

37. Ordonnances des roys de France de la troisième race, recueillies par ordre chronologique, avec des renvoys des unes aux autres, des sommaires, des observations sur le texte et cinq tables, par M. de Laurière. *A Paris, de l'Imprimerie Royale*, 1723-1849, 21 vol. — Tables, 2 vol. — Ensemble 23 vol. in-fol. mar. rouge, fil., dos ornés, tr. dor.

Aux armes de Louis duc d'Orléans.

SCIENCES ET ARTS

I. PHILOSOPHIE. — MORALE. — POLITIQUE

38. Œuvres de Platon, traduites par Victor Cousin. *Paris, Bossange*, 1823, 13 vol. in-8, demi-rel. mar. rouge, dos et coins, tête dor., non rognés.

L'un des 25 exemplaires en grand papier vélin.

39. La Logique, ou l'Art de penser, contenant outre les règles communes, plusieurs observations nouvelles, propres à former le jugement (par Ant. Arnauld et Nicole). *A Paris, chez Charles Savreux*, 1664, in-12, mar. rouge, fil., dos orné, tr. dor. (*Rel. anc.*)

Aux armes du roi Louis XIV.

40. De la Recherche de la vérité, où l'on traitte de la nature de l'esprit de l'homme, et de l'usage qu'il en doit faire pour éviter l'erreur dans les sciences (par Malebranche). *A Paris, chez André Pralard*, 1678, 3 vol. in-12, mar. bleu jans., dent. intér., tr. dor.

41. Renatus Descartes, de Homine figuris et latinitate donatus a Florentio Schuyl. *Lugduni Batavorum, apud Franciscum Moyardum*, 1662, in-4, fig., mar. rouge, fil., dos orné, dent. intér., tr. dor.

Édition originale.

42. Les Morales d'Épictète, de Socrate, de Plutarque et de Sénèque (extraites et traduites en françois par J. Desmarets de Saint-Sorlin). *Au Chasteau de Richelieu, de l'imprimerie d'Estienne Migon*, 1653, in-12, mar. rouge, fil. fers à froid, tr. dor. (*Thouvenin.*)

Jolie édition, très bien imprimée et très recherchée; on y a ajouté quatre dessins des portraits d'*Épictète, Socrate, Plutarque* et *Sénèque.*

43. Essais de Michel, seigneur de Montaigne. Cinquiesme édition, augmentée d'un troisiesme livre, et de six cens additions aux deux premiers. *A Paris, chez Abel L'Angelier*, 1588, in-4, titre gravé, mar. rouge, fil., dos orné, dent. intér., tr. dor. (*Thibaron.*)

Dernière édition publiée du vivant de l'auteur, et la première renfermant le IIIe livre.

44. Les Essais de Michel, seigneur de Montaigne. *A Amsterdam, chez Antoine Michiels* (*Bruxelles, Fr. Foppens*), 1659, 3 vol. in-12, front. gravé, mar. rouge, fil., tr. dor. (*Derome.*)

Bel exemplaire, grand de marges. Hauteur: 152 millimètres.

45. De la Sagesse, trois livres, par Pierre Charron. *A Leide, chez Jean Elsevier, s. d.*, pet. in-12, titre gravé, mar. vert, fil., tr. dr. (*Koehler.*)

La plus rare des éditions elzéviriennes; exemplaire grand de marges. Hauteur: 133 millimètres.

46. De la Sagesse, trois livres, par Pierre Charron, Pa-

risien, suivant la vraye copie de Bourdeaux. *A Amsterdam, chez Louis et Daniel Elzevier,* 1662, in-12, mar. rouge jans., dent. intér., tr. dor. (*Hardy-Mennil.*)

Exemplaire grand de marges. Hauteur, 130 millimètres.

47. Réflexions ou Sentences et maximes morales (par François, duc de La Rochefoucauld), précédées d'un discours sur les Réflexions (attribué à Segrais). *A Paris, chez Claude Barbin,* 1665, pet. in-12, front. gravé, mar. rouge jans., dent. intér., tr. dor. (*Thibaron.*)

Édition originale. 23 ff. lim. 150 pages et 5 ff. pour la table et le privilège.

48. Réflexions, ou Sentences et Maximes morales (par La Rochefoucauld). Cinquième édition. *A Paris, chez Claude Barbin,* 1678, in-12, mar. bleu jans., doublé de mar. orange, semis de fleurs, dorure à petits fers, tr. dor. (*Chambolle-Duru.*)

Dernière édition publiée du vivant de La Rochefoucauld.

49. Réflexions ou Sentences morales (par La Rochefoucauld). Sixième édition, augmentée. *A Paris, chez Claude Barbin,* 1693, in-12, mar. rouge, fil., dos orné, dent. intér., tr. dor. (*Hardy.*)

Exemplaire réglé.

Cette édition, la première publiée après la mort de La Rochefoucauld, contient un supplément de cinquante maximes, dont la moitié a été publiée pour la première fois, et le Discours préliminaire retranché de toutes les éditions faites après 1665.

50. Maximes et Réflexions morales du duc de La Rochefoucauld. *A Paris, de l'imprimerie de Monsieur,* 1779, in-18, mar. rouge, fil., tr. dor. (*Derome.*)

51. Les Caractères de Théophraste, traduits du grec, avec les Caractères ou les mœurs de ce siècle (par La Bruyère). *A Paris, chez Estienne Michallet,* 1690, in-12, mar. rouge, fil., dos orné, dent. intér., tr. dor. (*David.*)

Cinquième édition.

52. Les Caractères de Théophraste, traduits du grec, avec les Caractères ou les mœurs de ce siècle (par La Bruyère). *A Paris, chez Estienne Michallet*, 1692, in-12, mar. bleu jans., dent. intér., tr. dor. (*Hardy-Mennil.*)

Septième édition.

53. Les Caractères de Théophraste, traduits du grec, avec les Caractères ou les mœurs de ce siècle (par La Bruyère). *A Paris, chez Estienne Michallet*, 1694, in-12, mar. rouge, fil., dos orné, dent. intér., tr. dor. (*Chambolle-Duru.*)

Huitième édition.

54. Les Caractères de Théophraste, traduits du grec, avec les Caractères ou les mœurs de ce siècle (par La Bruyère). *A Paris, chez Estienne Michallet*, 1696, in-12, mar. bleu, fil., dos orné, dent. intér., tr. dor. (*Chambolle-Duru.*)

Neuvième édition, la dernière donnée par La Bruyère, et la plus complète.

55. Œuvres de Vauvenargues, édition nouvelle, précédée de l'Éloge de Vauvenargues et accompagnée de notes et commentaires par D.-L. Gilbert. *Paris, Furne*, 1867, 2 vol. in-8, portr., demi-rel. mar. rouge, dos et coins, tête dor., non rognés.

Exemplaire en grand papier de Hollande, avec le portrait en double état.

56. L'Instruction et manière de vivre de la jeunesse, grandement utile et profitable, composée en langue latine par Plutarche, et nouvellement traduite en françois par J. Collin. *A Lyon, par Benoist Rigaud*, 1556, in-16, mar. brun jans., dent. intér., tr. dor. (*Chambolle-Duru.*)

57. Politique, tirée des propres paroles de l'Écriture sainte, à Monseigneur le Dauphin; ouvrage posthume de messire Jacques-Bénigne Bossuet. *A Paris, chez Pierre Cot*, 1709, in-4, mar. citron, fil., dos orné, tr. dor.

Bel exemplaire de l'édition originale, aux armes de Madame Sophie, fille de Louis XV.

II. SCIENCES NATURELLES

58. Œuvres complètes de Buffon, avec les descriptions anatomiques de Daubenton, son collaborateur. *A Paris, chez Verdière et Ladrange,* 1824-1830, 40 vol. — Œuvres du comte de Lacépède, nouvelle édition dirigée par M. A. G. Desmarest. 11 vol. — Rapport historique sur les progrès des sciences naturelles depuis 1789, et sur leur état actuel, rédigé par M. Cuvier. 1 vol. — Histoire philosophique, littéraire, économique des plantes de l'Europe, par J.-L.-M. Poiret. 7 vol. *A Paris, chez Verdière et Ladrange,* 1824-1833. — Ensemble 59 vol. in-8 de texte et 12 atlas gr. in-8 de planches coloriées, demi-rel., cuir de Russie, non rognés. (*Capé.*)

Exemplaire tiré sur grand papier vélin, avec les figures en double état, noires et coloriées.

L'Histoire des Plantes de Poiret est reliée en demi-mar. bleu. Les planches de cette partie ne sont pas en double état.

59. Dioscoridis libri octo, græce et latine, castigationes in eosdem libros. *Parisiis, apud Petrum Haultinum,* 1549, in-8, veau fauve, fil., dos orné, tr. dor. (*Bozérian.*)

Exemplaire provenant de la bibliothèque de M. Yemeniz.

60. Le Règne animal, distribué d'après son organisation, pour servir de base à l'histoire naturelle des animaux et d'introduction à l'anatomie comparée, par Georges Cuvier. *Paris, Fortin-Masson, s. d.*, 20 vol. gr. in-8, planches coloriées, demi-rel. mar. rouge, dos et coins, tête dor., non rognés.

61. Pratum lacus arundinetum. *Parisiis, apud Simonem Colinæum,* 1543, in-8, mar. rouge jans., dent. intér., tr. dor.

Exemplaire de Huzard.

62. Histoire naturelle, choix de dessins par Meunier,

J.-G. Prêtre et Vaillant. 1820, in-4, mar. rouge jans., dent. intér., tr. dor. (*Hardy*.)

Recueil de 205 feuillets remplis de charmants dessins, de papillons, insectes, coquillages, poissons et animaux, très bien peints sur très beau vélin. Chaque feuillet est encadré d'un filet doré.

III. SCIENCES MÉDICALES

63. Dictionarium medicum, vel Expositiones vocum medicinalium, ad verbum excerptæ. *Excudebat Henricus Stephanus,* 1564, in-8, veau fauve, dent., dos orné, tr. dor. (*Bozérian.*)

Exemplaire provenant de la bibliothèque de M. Yemeniz.

64. Essai sur la physiognomonie, destiné à connoître l'homme et à le faire aimer, par Jean-Gaspard Lavater. *Imprimé à La Haye, s. d.,* 4 vol. in-4, fig., demi-rel. mar. brun, dos et coins, tête dor., non rognés.

65. Le Bon Usage du thé, du caffé et du chocolat, pour la préservation et pour la guérison des maladies, par M. de Blegny. *A Paris, chez l'auteur,* 1687, in-12, front. gravé, veau fauve, fil., dos orné, tr. dor.

Exemplaire provenant de la bibliothèque de M. Yemeniz.

66. Tractatus magistri Arnaldi de Villanova de arte cognoscendi venena cum quis timet sibi ea ministrari. *S. l. n. d.* (*Patavii*, 1475), in-4 de 18 feuillets, caract. ronds, mar. rouge jans., dent. intér., tr. dor.

Exemplaire provenant de la bibliothèque de M. Yemeniz.

IV. BEAUX-ARTS

PEINTURE. — SCULPTURE. — ARCHITECTURE

67. Histoire des peintres de toutes les Écoles, par MM. Charles Blanc, Marius Chaumelin et G. Lafe-

nestre. *Paris, librairie Renouard,* 1876, 14 vol. in-4, fig., demi-rel. mar. rouge, dos et coins, tête dor., non rognés.

68. FIGURES DE DIFFÉRENTS CARACTÈRES, de paysages et d'études, dessinées d'après nature par Antoine Watteau, gravées à l'eau-forte par les plus habiles artistes peintres et graveurs du temps. *A Paris, chez Huquier, s. d.,* in-fol., veau marbre, fil.

Curieux recueil contenant frontispice, titre gravé, portrait, 4 ff. prélim. et 350 figures, la plupart gravées par *François Boucher.*

69. GALERIE DES PEINTRES FLAMANDS, Hollandais et Allemands. Ouvrage enrichi de deux cent une planches, gravées, d'après les meilleurs tableaux de ces maîtres, par les plus habiles artistes de France, de Hollande et d'Allemagne, avec un texte explicatif par M. Lebrun. *A Paris, chez l'auteur,* 1792, 3 vol. in-fol., fig., demi-rel. cuir de Russie, dos et coins, non rognés.

Très bel exemplaire; épreuves AVANT LA LETTRE.

70. COLLECTION DE CENT VINGT ESTAMPES, gravées d'après les tableaux et dessins qui composoient le cabinet de M. Poullain, précédée d'un abrégé historique de la vie des auteurs qui la composent, sous la direction du sieur Basan. *Se vend à Paris, chez Basan et Poignant,* 1781, in-4, fig., veau racine, fil., tr. dor.

Très bel exemplaire; épreuves AVANT LA LETTRE.

71. GALERIE DU PALAIS-ROYAL, gravée d'après les tableaux des différentes Écoles qui la composent, avec un abrégé de la vie des peintres et une description historique de chaque tableau, par M. l'abbé de Fontenay. *A Paris, chez J. Couché,* 1786-1808, 3 vol. in-fol., fig., veau brun, fil.

Bel exemplaire contenant 355 planches, gravées par *Aliamet, Baquoy, Choffard, Delignon, de Launay, Halbou, Massard, Le Mire, Liénard, Romanet, Saint-Aubin,* etc.

72. GALERIES HISTORIQUES DU PALAIS DE VERSAILLES, publiées

par ordre du roi, sous la direction de MM. Charles Gavard, Calametta et Mercuri. *Paris, Ch. Gavard*, 1838-1852, 19 vol. gr. in-fol., fig., demi-rel. chag. rouge, dos et coins, tête dor., non rognés.

Très bel exemplaire renfermant 3,000 planches tirées sur papier de Chine.

73. Les Émaux de Petitot, du Musée impérial du Louvre, portraits de personnages historiques et de femmes célèbres du siècle de Louis XIV, gravés au burin par M. L. Ceroni. *Paris, Blaisot*, 1862, 2 vol. in-4, fig., mar. brun, fil., dos ornés, dent. intér., tête dor., non rognés. (*Capé*.)

Bel exemplaire, avec les portraits AVANT LA LETTRE.

74. LES SIMULACHRES et Historiees faces de la mort, autant elegamment pourtraictes, que artificiellement imaginées. *A Lyon, soubz l'escu de Coloigne*, 1538. (A la fin :) *Excudebant Lugduni Melchior et Gaspar Trechsel fratres*, 1538, in-4, fig., mar. brun, doublé de mar. rouge, mosaïque de mar., compart., fil., dorure à petits fers, tr. dor. (*Chambolle-Duru*.)

Bel exemplaire de l'édition originale de la Danse des Morts de Holbein, contenant 41 figures sur bois, d'une remarquable exécution.

75. COSTUMES HISTORIQUES des XIIe, XIIIe, XIVe et XVe siècles, tirés des monuments les plus authentiques de peinture et de sculpture, dessinés et gravés par Paul Mercuri, avec un texte historique et descriptif par Camille Bonnard, et une introduction par M. Charles Blanc. *Paris, A. Lévy*, 1860, 3 vol. — Costumes historiques des XVIe, XVIIe et XVIIIe siècles, dessinés par E. Lechevallier-Chevignard, gravés par A. Didier, L. Flameng, F. Laguillermie, etc., avec un texte historique et descriptif par Georges Duplessis. *Paris, A. Lévy*, 1869, 2 vol. — Ensemble 5 vol. in-4, fig. en or et en couleurs, mar. rouge, fil. à la Du Seuil, dos ornés, dent. intér., mors de mar. doublés de tabis, tr. dor.

76. Cris de Paris, dessinés d'après nature par M. Poisson. *A Paris, chez l'auteur, s. d.* (1769), in-4, fig., veau fauve.

Titre général et 12 cahiers de 6 planches; ensemble 73 planches.
Bel exemplaire d'un recueil très rare.

77. Le Premier (et le second) volume des plus excellens bastimens de France, auquel sont designez les plans de quinze (trente) bastimens et leur contenu; ensemble les élévations et singularitez d'un chascun, par Jacques Androuet Du Cerceau, architecte. *A Paris, chez Pierre Mariette*, 1648, 2 tomes en 1 vol. in-fol., fig., veau jaspé.

125 planches gravées sur cuivre.

78. LE MOYEN AGE ET LA RENAISSANCE. Histoire et description des mœurs et usages, du commerce et de l'industrie, des sciences, des arts, des littératures et des beaux-arts en Europe, par MM. Paul Lacroix et Ferdinand Séré. *Paris*, 1848, 5 vol. in-4, fig. noires, en or et en couleurs, demi-rel., mar. rouge, dos et coins, tête dor., non rognés. (*Trautz-Bauzonnet.*)

Exemplaire unique imprimé sur PEAU DE VÉLIN.
Au tome Ier deux feuilles et demie de texte sont tirées *sur papier*.

79. Les Arts somptuaires. Histoire du costume et de l'ameublement, et des arts et industries qui s'y rattachent, sous la direction de Hangard-Maugé. Introduction générale et texte explicatif par Ch. Louandre. *Paris, chez Hangard-Maugé*, 1857, texte et planches. — 4 tomes en 3 vol. in-4, demi-rel. mar. rouge, dos et coins, tête dor., non rognés.

80. Histoire des Arts industriels au moyen âge et à l'époque de la Renaissance, par Jules Labarte. *Paris, A. Morel*, 1864, 4 vol. in-4 de texte et 2 vol. de plan-

ches en or et en couleurs, mar. brun jans., dent. intér., tr. dor. (*Chambolle-Duru.*)

L'un des cent exemplaires tirés sur grand papier.

81. Académie universelle des jeux, contenant les règles de tous les jeux, avec des instructions faciles pour apprendre à bien les jouer. *A Paris, chez Théodore Le Gras*, 1743, in-12, veau racine, fil., tr. dor.

BELLES-LETTRES

I. LINGUISTIQUE. — RHÉTORIQUE

82. Première partie de la grammaire latine, contenant les communes qualitez des noms, selon le rapport qu'ils ont aux personnes ou aux choses signifiées, pour l'intelligence des genres; ouvrage enrichy de quantité de petits tableaux, qui ne doivent pas moins rejouyr la veue, que soulager l'esprit de ceux qui voudront s'en servir (par L. Couvay). *A Paris, chez Claude Thiboust*, 1668, in-8, fig., mar. bleu jans., dent. intér., tr. dor. (*Duru.*)

32 planches, contenant un grand nombre de figures gravées sur cuivre.

83. Les Principes et premiers elemens de la langue latine, par lesquels tous jeunes enfans seront facilement introduicts a la cognoissance d'icelle, avec les accens; le tout reveu et corrigé en grande diligence (par Fr. Estienne). *A Paris, de l'imprimerie de Regnauld Chaudière*, 1546. — La Manière de tourner toutes espèces de mots latins en nostre langue françoyse, reveue et

corrigée soigneusement à l'utilité des jeunes enfans, avec les accens (par Rob. Estienne). *A Paris, de l'imprimerie de Regnauld Chaudière,* 1546. — La Manière de tourner en langue françoyse les verbes actifs, passifs, gerondifs, supins et participes, aussi les verbes impersonnels, avec le verbe substantif nommé *sum* et le verbe *habeo;* reveue et corrigée en grande diligence (par Rob. Estienne). *A Paris, de l'imprimerie de Regnauld Chaudière,* 1546. — Ensemble 3 parties en 1 vol. in-8, mar. rouge jans., dent. intér., tr. dor. (*Trautz-Bauzonnet.*)

Bel exemplaire.

84. Les Déclinaisons des noms et des verbes que doivent scavoir entierement par cueur les enfans, ausquels on veult bailler entrée en la langue latine; ensemble : la manière de tourner les noms, pronoms, verbes tant actifs que passifs, gerondifs, supins et participes : les verbes *sum, volo, nolo, malo, fero, edo, es, fio, possum memini,* aussi les impersonnels (par Rob. Estienne). *A Paris, de l'imprimerie de Nicolas Le Riche,* 1548, in-8, mar. vert jans., dent. intér., tr. dor. (*Duru.*)

85. Introduction à la syntaxe latine, pour apprendre aisément à composer en latin, avec des exemples de thèmes appropriés à toutes les règles de la syntaxe et proportionnés à la portée des enfans, par Jean Clarke. *A Paris, chez M.-E. David,* 1747, 2 tomes en 1 vol. in-12, mar. rouge, fil., dos orné, tr. dor.

Aux armes du roi Louis XV.

86. Traicté de la conformité du language françois avec le grec, divisé en trois livres..., avec une préface remonstrant quelque partie du désordre et abus qui se commet aujourdhuy en l'usage de la langue françoise. En ce traicté sont descouverts quelques secrets, tant de la langue grecque que de la françoise, duquel l'autheur et imprimeur est Henri Estienne, fils de feu Ro-

bert Estienne. *S. l. n. d.*, in-8, mar. bleu, fil. et milieu doré, dos orné, dent. intér., tr. dor. (*Petit.*)

Édition originale.

87. Devis (et second devis) de la langue francoyse : a Jehanne d'Albret, royne de Navarre, duchesse de Vandosme, etc., par Abel Matthieu (sieur de Moystandières), natif de Chartres. *A Paris, de l'imprimerie de Richard Breton,* 1559, 2 parties en 1 vol. in-8, mar. rouge jans., dent. intér., tr. dor. (*Chambolle-Duru.*)

Livre rare, imprimé en caractère de civilité.

88. Celt-Hellénisme, ou Étymologie des mots françois tirez du grec, plus preuves en général de la descente de nostre langue, par Léon Tripault. *A Orléans, par Eloy Gibier*, 1581, in-8, mar. vert, fil., dos orné, dent. intér., tr. dor. (*Petit.*)

89 Dante. De la volgare eloquenzia. — Dialogo del Trissino intitolato il castellano nel quale si tratta de la lingua italiana. — Epistola del Trissino de le lettere nuovamente aggiunte ne la lingua italiana. — La Poetica di M. Giovan Giorgio Trissino. *Stampata in Vicenza per Tolomeo Janiculo,* 1529, 4 pièces en 1 vol. in-4, mar. rouge, fil., dos orné, dent. intér., tr. dor.

90. Institutiones Hebraïcæ, autore Alano Restaldo Calignio, Hebraicarum literarum professore regio. *Parisiis, apud Hier. Gormontium,* 1541, in-8, demi-rel veau fauve.

91. Dialogues sur l'éloquence en général, et sur celle de la chaire en particulier; avec une lettre écrite à l'Académie Françoise par feu messire François de Salignac de La Motte Fénelon (préface par M. de Ramsay). *A Paris, chez Jacques Estienne,* 1718, in-12, mar. rouge jans., dent. intér., tr. dor. (*Petit.*)

Édition originale. Elle contient, à la suite des *Dialogues* et sous le titre de *Lettres à l'Académie Françoise*, les *Réflexions sur la Grammaire, la Rhétorique, la Poétique et l'Histoire.*

92. Oraison funèbre de Marie-Térése d'Austriche, Infante d'Espagne, reine de France et de Navarre, par messire Jacques-Bénigne Bossuet. *A Paris, chez Séb. Mabre-Cramoisy,* 1683, in-4, fleuron, vignette et cul-de-lampe, mar. rouge jans., dent. intér., tr. dor. (*Trautz-Bauzonnet.*)

Bel exemplaire de l'édition originale.

II. POÉSIE

1. POÈTES GRECS ET LATINS

93. L'Iliade d'Homère, traduite en françois, avec des remarques, par madame Dacier. *A Amsterdam, aux dépens de la Compagnie*, 1712, 3 vol., front., vignettes et figures. — L'Odyssée d'Homère, traduite en françois, avec des remarques, par madame Dacier. *A Amsterdam, aux dépens de la Compagnie,* 1717, 3 vol., front., vignettes et figures. — Supplément à l'Homère de madame Dacier, contenant la vie d'Homère par madame Dacier, une dissertation par M. l'abbé Banier, etc. *A Amsterdam, chez les Wetsteins,* 1731, front. et fig. — Ensemble 7 vol. in-12, mar. rouge, fil., dos ornés, tr. dor. (*Rel. anc.*)

Bel exemplaire dans une reliure très fraîche, provenant de la bibliothèque de M. Odiot.

94. L'Iliade et l'Odyssée d'Homère, traduits en français (avec le texte grec) par Dugas-Montbel. *Paris, Firmin-Didot*, 1828, 9 tomes en 10 vol. in-8, demi-rel. mar. vert, dos et coins, tête dor., non rognés.

Exemplaire en papier vélin.

95. Nicandri Theriaca, ejusdem Alexipharmaca interpretatio innominati autoris in Theriaca, commentarii diversorum autorum in Alexipharmaca. *Coloniæ, opera*

Joan. Soteris, 1530, 2 parties en 1 vol. in-4, veau fauve, fil., tr. dor. (*Bozérian.*)

Exemplaire provenant de la bibliothèque de M. Yemeniz.

96. P. Virgilii Maronis opera Nic. Heins. Dan. F. e membranis compluribus usque antiquissimis recensuit. *Amstelodami, ex officina Elzeviriana,* 1676, pet. in-12, titre gravé, mar. rouge, fil., dos orné, dent. intér., tr. dor. (*Duru.*)

Exemplaire grand de marges. Hauteur, 135 millimètres.

97. P. Virgilius Maro varietate lectionis et perpetua adnotatione illustratus a Chr. Gottl. Heyne. Accedunt indices. Editio novis curis emendata et aucta. *Lipsiæ, Caspari Fritsch,* 1800, 6 vol. in-8, fig., mar. vert, fil., tr. dor.

Exemplaire en grand papier vélin, provenant de Renouard.

98. Les Œuvres de Virgile Maron, traduittes de latin en françois par Robert et Anthoine le chevalier d'Agneaux frères, de Vire, en Normandie. *A Paris, chez Guillaume Auvray*, 1682, in-4, mar. noir, tr. dor.

Bel exemplaire réglé aux armes de L.-C. de Cremeaux, marquis d'Entragues.

99. Le Virgile travesty en vers burlesques, de monsieur Scarron. *A Paris, chez Guillaume de Luyne,* 1659, 7 parties en 1 vol. in-12, front. gravé, mar. rouge, fil., dos orné, dent. intér., tr. dor. (*Trautz-Bauzonnet.*)

100. Q. Horatii Flacci Venusini poetæ lyrici poemata. *Parisiis, ex typographia Thomæ Richardi,* 1558. — Q. Horatii Flacci Epodon liber. *Parisiis, apud Thomam Richardi,* 1553. — Q. Horatii Flacci de Arte poetica liber. *Parisiis, ex typographia Thomæ Richardi*, 1558. — Q. Horatii Flacci Epistolarum libri II. *Parisiis, ex typographia Thomæ Richardi,* 1559. — Q. Horatii Flacci Sermonum libri II. *Parisiis, ex typographia Thomæ Richardi,* 1558. — Ensemble 5 parties en 1 vol. in-4, vél. blanc.

Bel exemplaire réglé.

101. LES MÉTAMORPHOSES D'OVIDE, traduction nouvelle, avec le texte latin, suivie de notes historiques et critiques par M. G.-T. Villenave. *A Paris, chez Gay et Guestard* (*imprimerie de P. Didot l'aîné*), 1806, 4 vol. in-4, front. et 144 figures dessinés par *Moreau, Lebarbier* et *Monsiau,* gravés par *Baquoy*, *Dambrun, Delvaux, Halbou, Queverdo, Trière,* etc., demi-rel. mar. rouge, non rognés.

Très bel exemplaire, en grand papier, avec les figures AVANT LA LETTRE et les EAUX-FORTES.

102. Satires de Perse, traduction nouvelle, avec le texte latin à côté et des notes par M. l'abbé Le Monnier. *A Paris, chez Ant. Jombert,* 1771, in-8, pap. de Hollande, front. dessiné par *Cochin*, mar. rouge, fil., dos orné, tr. dor. (*Rel. anc.*)

Exemplaire en papier de Hollande, provenant de J.-J. DE BURE.

103. La Pharsale de Lucain, ou les Guerres civiles de César et de Pompée en vers françois, par M. de Brebeuf. *A La Haye, chez Arnout Leers*, 1683, pet. in-12, front. gravé, mar. rouge, fil., dos orné, dent. intér., tr. dor. (*Hardy-Mennil.*)

2. POÈTES FRANÇAIS

A. *Depuis les premiers âges de la poésie française jusqu'à Clément Marot.*

104. Choix des poésies originales des troubadours, par M. Raynouard. *A Paris, de l'imprimerie de Firmin-Didot*, 1816-1821, 6 vol. in-8, demi-rel. mar. rouge, dos et coins, tête dor., non rognés.

Exemplaire en papier vélin.

105. Collection des anciens poètes françois, publiée par Coustelier. *A Paris, chez Ant.-Urbain Coustelier,* 1723,

10 vol. pet. in-8, mar. rouge jans., dent. intér., tr. dor. (*Belz-Niedrée.*)

Coquillart. — La Farce de Pathelin. — Villon. — Martial de Paris, 2 vol. — P. Faifeu. — Poésies de G. Cretin. — J. Marot. — Racan, 2 vol.

106. FABLIAUX ET CONTES des poètes françois des XIe, XIIe, XIIIe, XIVe et XVe siècles, tirés des meilleurs auteurs, publiés par Barbazan ; nouvelle édition, augmentée et revue sur les manuscrits de la Bibliothèque impériale par M. Méon. *A Paris, chez B. Warée,* 1808, 4 vol. in-8, fig., mar. rouge, fil., dos ornés, tr. dor. (*Closs.*)

Exemplaire en grand papier de Hollande, figures AVANT LA LETTRE.

107. NOUVEAU RECUEIL DE FABLIAUX et contes inédits des poètes français des XIIe, XIIIe, XIVe et XVe siècles, publié par M. Méon. *A Paris, chez Chasseriau,* 1823, 2 vol. in-8, front. gravés, mar. rouge, fil., dos ornés, tr. dor. (*Closs.*)

Exemplaire en grand papier de Hollande, avec les frontispices en trois états, AVANT LA LETTRE, AVANT LA LETTRE SUR PAPIER DE CHINE et les EAUX-FORTES.

108. NOUVEAU RECUEIL DE CONTES, dits, fabliaux et autres pièces inédites des XIIIe, XIVe et XVe siècles, pour faire suite aux collections Legrand d'Aussy, Barbazan et Méon, mis au jour pour la première fois par Achille Jubinal. *Paris, chez Édouard Pannier*, 1839, 2 vol. in-8, mar. rouge, fil., tr. dor. (*Closs.*)

L'un des 20 exemplaires tirés sur papier de Hollande.

109. Œuvres complètes de Rutebeuf, trouvère du XIIIe siècle, recueillies et mises au jour pour la première fois par Achille Jubinal. *Paris, chez Édouard Pannier*, 1839, 2 vol. in-8, mar. bleu jans., dent. intér., tr. dor. (*Duru.*)

L'un des 20 exemplaires tirés sur papier de Hollande.

110. LE ROMAN DU RENART, publié d'après les manuscrits

de la Bibliothèque du Roi des XIIIe, XIVe et XVe siècles; par M. D.-M. Méon. *A Paris, chez Treuttel et Wurtz*, 1826, 4 vol. — Le Roman du Renart, supplément, variantes et corrections, publié d'après les manuscrits de la Bibliothèque du Roi et de la Bibliothèque de l'Arsenal, par P. Chabaille. *A Paris, chez Silvestre*, 1835, 1 vol. — Ensemble 5 vol. in-8, fig., mar. rouge, fil., dos ornés, tr. dor. (*Closs.*)

Exemplaire en grand papier de Hollande, figures AVANT LA LETTRE.

111. Le Romant de la Rose
Moralisie cler et net
Translate de rime en prose
Par Vostre humble Molinet.

Nouvellement imprimé à Paris, en la grāt rue Sainct-Jaques, à l'enseigne de la Roze blanche couronnée. (A la fin :) *Cy finist le Romāt de la Rose, nouvellement imprimé à Paris, par la veufve de Michel Le Noir, mil cinq cens vingt et ung*, in-4, caract. goth. à 2 colonnes, mar. brun, compart. de fil., dorure à petits fers, dent. intér., tr. dor. (*Capé.*)

Bel exemplaire provenant de la bibliothèque de M. DESQ.

112. Les Œuvres de feu maistre Alain Chartier, en son vivant secrétaire du feu roy Charles, septiesme du nom; nouvellement imprimées, reveues et corrigées oultre les précédentes impressions. *On les vend à Paris, en la grant salle du Palais en la bouticque de Galliot du Pré*, 1529. (A la fin :) *Imprimées à Paris, par maistre Pierre Vidoue, l'an MCCCCCXXIX, pour Galliot du Pré*, pet. in-8, lettres rondes, mar. rouge, fil., tr. dor.

Exemplaire de Sainte-Beuve. Les marges extérieures des feuillets 204, 205 et 206 sont remontées.

113. Les Œuvres de maistre Alain Chartier, contenans l'histoire de son temps, l'Esperance, le Curial, le Quadrilogue, et autres piéces, reveues, corrigées et augmentées par André Du Chesne, Tourangeau. *A Paris, chez*

Samuel Thiboust, 1617, in-4, mar. rouge, fil., dos orné, tr. dor. (*Rel. anc.*)

Exemplaire aux armes et au chiffre du roi Louis XIV.

114. Les Triumphes de la noble et amoureuse dame, et lart de honnestement aymer, composé par le traverseur des voyes perilleuses (Jehan Bouchet), nouvellement imprimé à Paris. *Imprimé à Paris, par Jehan Real,* 1541, in-8, caract. goth., veau fauve, fil., dos orné, tr. dor.

115. Recueil des œuvres de feu Bonaventure Des Periers. *A Lyon, par Jean de Tournes,* 1544, in-8, mar. bleu, fil., dos orné, dent. intér., tr. dor. (*Bauzonnet.*)

116. L'ADOLESCENCE CLEMENTINE, aultrement, les œuvres de Clement Marot, de Cahors, reveues et corrigées selon la copie de sa dernière recongnoissance, oultre toutes les aultres impressions par cy devant faictez. *On les vent à Anvers en la maison de Jehan Steels,* 1539.—La Suite de l'Adolescence Clementine, reveue, c'est asscavoir : les Elegies de Clement Marot, les Epistres differentes, les Chantz divers, le Cymetiere, le Menu. — Le Premier livre de la Metamorphose d'Ovide. — Recueil des Œuvres de Jean Marot, poete françois, contenant : Rondeaulx, Epistre, Vers espars, Chantz royaulx. — Jan Marot de Caen, sur les deux heureuses voyages de Genes et Venise, victorieusement mys a fin par le treschrestien roy Loys douziesme de ce nom. (A la fin :) *Imprimé en Anvers, par Guiliaume du Mont,* 1539, 5 parties en 1 vol. pet. in-8, mar. rouge, milieu de feuillage dorure à petits fers, dent. intér., tr. dor. (*Trautz-Bauzonnet.*)

Édition très rare ; bel exemplaire provenant de la bibliothèque de M. POTIER.

117. LES ŒUVRES DE CLÉMENT MAROT, de Cahors, reveues et augmentées de nouveau. *A La Haye, chez Adrian Moetjens,* 1700, 2 vol. pet. in-12, portr. ajouté, mar.

vert, fil., dos ornés, gardes de pap. doré, tr. dor. (*Rel. anc.*)

Bel exemplaire grand de marges, hauteur 134 millimètres, portant à l'intérieur les armes de la comtesse CHARLES DE DAMAS.

118. La Doctrine du pere au filz. (A la fin :) *Cy finist la doctrine du pere au filz, nouvellement imprimée à Paris, s. d.*, in-8, caract. goth., mar. vert, dent., dos orné, tr. dor. (*Bauzonnet.*)

Exemplaire d'Audenet.

119. Le Giroflier aux dames, ensemble le dit des sibilles, epistre de Seneque a Lucille consolatoire de liberal leur amy qui estoit triste pource que la cite de Lyon dont il estoit, estoit arse et brulee. Par ceste epistre on peult clerement recognoistre quant et comment la cite de Lyon fut dernierement destruicte, et en quel lieu elle estoit fondée, et quelle elle estoit et les ans de sa durée. (A la fin :) *Cy finist l'espitre de Senecque à Lucille, imprimé à Paris, par Michel Le Noir, s. d.*, in-4, caract. goth. à longues lignes, fig., mar. brun, milieu de filets entrelacés, dent. intér., tr. dor. (*Capé.*)

Reproduction faite par le procédé Pilinski.

B. *Depuis Clément Marot jusqu'à Malherbe.*

120. Marguerites de la Marguerite des princesses, tres illustre royne de Navarre. *A Lyon, par Jean de Tournes,* 1547, 2 parties en 1 vol. in-8, mar. rouge, coins et milieu, doublé de mar. bleu, compart., dorure à petits fers, tr. dor. (*Chambolle-Duru.*)

Bel exemplaire.

121. Le Tombeau de Marguerite de Valois, royne de Navarre, faict premièrement en disticques latins par les trois sœurs, princesses en Angleterre (Anne, Marguerite et Jeanne de Seymour), depuis traduictz en grec, italien et françois, par plusieurs des excellentz poetes de la France, avecques plusieurs odes, hymnes, cantiques, epitaphes, sur le meme subjet (par le comte

d'Alcinois Nicolas Denisot). *A Paris, de l'imprimerie de Michel Fezandat,* 1551, in-8, mar. bleu, fil., dos orné, dent. intér., tr. dor. (*Koehler.*)

Exemplaire d'Audenet.

122. Œuvres poëtiques de Mellin de S.-Gelais. *A Lyon, par Antoine de Harsy,* 1574, in-8, mar. rouge, milieu doré, dent. intér., tr. dor. (*Trautz-Bauzonnet.*)

123. Les Œuvres françoises de Joachim Du Bellay, gentilhomme angevin, reveues, et de nouveau augmentées de plusieurs poësies non encore auparavant imprimées. *A Paris, de l'imprimerie de Féderic Morel,* 1569, in-8, mar. rouge, dorure à petits fers et au pointillé, dos orné, dent. intér., tr. dor. (*Capé.*)

Recueil de pièces publiées séparément, contenant : l'Olive. — Recueil de poésie. — Deux livres de l'Énéide. — Divers poèmes. — Les Regrets. — Divers Jeux rustiques. — Épithalame.

124. Les Œuvres françoises de Joachim Du Bellay, gentil-homme angevin, et poëte excellent de ce temps, reveues, et de nouveau augmentées de plusieurs poësies, non encore auparavant imprimées. *A Rouen, pour George l'Oyselet,* 1592, in-12, mar. vert, compart., dorure à petits fers, dos orné, tr. dor. (*Capé.*)

Bel exemplaire grand de marges. Hauteur, 135 millimètres.

125. Les Œuvres poétiques de Remy Belleau, reveues et corrigées en ceste dernière impression. *A Lyon, pour Thomas Soubron,* 1592, 2 tomes en 1 vol. pet. in-8, compart. de fil., tr. dor. (*Hagué.*)

126. Les Mimes, enseignemens et proverbes de J.-A. de Baif. *A Tolose, pour Jean Jagourt,* 1612, in-12, titre gravé, mar. rouge, fil., dos orné, dent. intér., tr. dor. (*Chambolle-Duru.*)

127. La Sepmaine, ou Création du monde, de G. de Saluste, seigneur Du Bartas. *A Paris, pour Michel Gadoulleau,* 1580, in-12, mar. brun, fil. à la Du Seuil, dos orné, dent. intér., tr. dor. (*Capé.*)

128. Les Premières Œuvres de Philippe Desportes, reveues, corrigées et augmentées outre les précédentes impressions. *A Paris, pour Robert Le Mangnier*, 1583, pet. in-8, mar. rouge, fil., dos orné, dent. intér., tr. dor. (*Trautz-Bauzonnet.*)

Bel exemplaire, grand de marges.
Hauteur : 143 millimètres.

129. Les Satyres et autres œuvres du sieur Regnier, augmentées de diverses pièces cy-devant non imprimées. *A Leiden, chez Jean et Daniel Elsevier*, 1652, pet. in-12, mar. bleu, fil., tr. dor. (*Simier.*)

Exemplaire auquel on a ajouté un portrait de Regnier gr. par *A. de Saint-Aubin.*

130. Les Tragiques, donnez au public par le larcin de Prométhée (par Agrippa d'Aubigné). *Au Dezert, par L. B. D. D.*, 1616, in-4, mar. rouge, fil., dos orné, dent. intér., tr. dor. (*Trautz-Bauzonnet.*)

Édition originale.

131. Les Œuvres satyriques du sieur de Courval-Sonnet, gentilhomme virois; seconde édition, reveue, corrigée et augmentée par l'autheur. *A Paris, chez Rolet-Boutonné*, 1622, in-8, mar. rouge, fil. à la Du Seuil, dos orné, dent. intér., tr. dor. (*Thibaron-Joly.*)

C. *Depuis Malherbe jusqu'à nos jours.*

132. Les Œuvres et suitte des œuvres du sieur de Saint-Amand; seconde édition, reveue, corrigée et augmentée de nouveau. *A Paris, chez Nicolas Trabouillet*, 1633, in-8, mar. rouge, fil., dos orné, dent. intér., tr. dor. (*Raparlier.*)

Raccommodage au dernier feuillet.

133. Les Chevilles de Me Adam, menuisier de Nevers. *A Paris, chez Toussainct Quinet*, 1644, in-4, portr., mar. rouge jans., dent. intér., tr. dor. (*David.*)

Édition originale.

134. Poésies de madame Deshoulières. *A Paris, chez la veuve de Séb. Mabre-Cramoisy,* 1688-1695, 2 tomes en 1 vol. in-8, mar. bleu jans., dent. intér., tr. dor. (*Brany.*)

Édition originale.

135. ŒUVRES CHOISIES de madame Deshoulières. *A Paris, de l'imprimerie de P. Didot l'aîné,* 1795, in-12, pap. vélin, portr. et 3 figures de *Marillier,* mar. bleu, fil., dos orné, dent. intér., tr. dor. (*Trautz-Bauzonnet.*)

Très bel exemplaire en papier vélin, avec la suite des figures, épreuves AVANT LA LETTRE. On y a ajouté un dessin du portrait de Mme DESHOULIÈRES.

De la bibliothèque de M. QUENTIN-BAUCHART.

136. Œuvres diverses du sieur D*** (Boileau-Despréaux), avec le Traité du sublime ou du merveilleux dans le discours, traduit du grec de Longin. *A Paris, chez Claude Barbin,* 1674, in-4, front. et fig., mar. bleu, fil., dos orné, dent. intér., tr. dor. (*Hardy.*)

137. Œuvres diverses du sieur D* (Boileau-Despréaux), avec le Traité du sublime ou du merveilleux dans le discours, traduit du grec de Longin. *A Cologne, chez Balt. Degmond,* 1685, in-12, mar. rouge, fil. à la Du Seuil, dos orné, tr. dor. (*Rel. anc.*)

138. Œuvres diverses du sieur Boileau-Despréaux, avec le Traité du sublime ou du merveilleux dans le discours, traduit du grec de Longin. *A Paris, chez Denys Thierry,* 1701, 2 vol. in-12, front. et fig., mar. brun jans., dent. intér., tr. dor. (*David.*)

Dernière édition donnée par Boileau, augmentée de la Satire XI et de plusieurs autres pièces.

139. Opuscules poétiques et philologiques de M. Feutry. *A Paris, chez Delalain,* 1771, in-8, mar. rouge, fil., dos orné, tr. dor.

Exemplaire aux armes de MONTMORENCY-LUXEMBOURG.

140. ŒUVRES DE GRESSET (avec le Parrain magnifique). *A Paris, chez Ant.-Aug. Renouard,* 1811, 3 tomes en

2 vol. in-8, fig. de *Moreau,* demi-rel. mar. vert, dos et coins, non rognés.

Très bel exemplaire en grand papier vélin, avec les figures de *Moreau,* épreuves AVANT LA LETTRE.

141. Poésies d'André Chénier, édition critique, étude sur la vie et les œuvres d'André Chénier, variantes, notes et commentaires, lexique et index, par L. Becq de Fouquières. *Paris, Charpentier,* 1862, 2 vol. gr. in-8, portr., mar. rouge, fil., dos orné, dent. intér., tr. dor. (*Chambolle-Duru.*)

Exemplaire en grand papier de Hollande.

142. Œuvres de J. Delille, nouvelle édition. *Paris, Michaud,* 1824, 16 vol. gr. in-8, portr. et fig., demi-rel. cuir de Russie, dos et coins, tête dor., non rognés.

Exemplaire en grand papier jésus vélin, avec les figures sur papier de Chine AVANT LA LETTRE.

143. Œuvres complètes de Gilbert, publiées pour la première fois avec les corrections de l'auteur, et les variantes accompagnées de notes littéraires et historiques. *A Paris, chez Dalibon,* 1823, in-8, portr. et fig. de *Desenne,* mar. vert, fers à froid et dorés, dos orné, tr. dor. (*Thouvenin.*)

Bel exemplaire en grand papier vélin, avec les figures en double état, AVANT LA LETTRE et EAUX-FORTES.

D. *Poèmes sacrés, héroïques. — Madrigaux.*

144. Alaric, ou Rome vaincue, poëme héroïque par monsieur de Scudery. *Jouxte la copie, à Paris, chez Augustin Courbé,* 1655, in-12, front. gravé, fig., mar. citron, dent., dos orné, tr. dor. (*Bozérian.*)

145. Saint Louis, ou la Sainte Couronne reconquise, poëme héroïque, par le P. Pierre Le Moyne. *A Paris, chez Augustin Courbé,* 1658, in-12, front. gravé, fig., mar. rouge, fil., dos orné, dent. intér., tr. dor. (*Petit.*)

146. La Henriade de Voltaire, avec les variantes. Imprimé par ordre du roi pour l'éducation de Mgr le Dauphin. *A Paris, chez P. Didot*, 1790, in-4, mar. rouge, fil., dos orné, tr. dor. (*Rel. anc.*)

Bel exemplaire auquel on a ajouté un portrait de Voltaire, gr. par *Quevérdo*, AVANT TOUTE LETTRE, au bas : « les adieux de Calas à sa famille » et la suite d'un frontispice et de 11 figures gr. par QUEVERDO.

147. Madrigaux de M. D. L. S. (M. de la Sablière). *A Paris, chez Claude Barbin*, 1680, in-12, mar. rouge, fil., dos orné, dent. intér., tr. dor.

Édition originale.

E. *Fables, Contes et Chansons.*

143. FABLES CHOISIES, mises en vers par J. de La Fontaine (publiées avec la vie de l'auteur par M. de Monthenault). *A Paris, chez Desaint et Saillant*, 1755, 4 vol. gr. in-fol., front. et fig. d'*Oudry*, mar. rouge, larges dentelles, dos orné, tr. dor. (*Armes de France.*)

Exemplaire de premier tirage en grand papier de Hollande.

149. Fables de La Fontaine, avec figures gravées par MM. Simon et Coiny. *A Paris, chez Bossange, an VI* (1796), 6 vol. in-18, pap. vélin, mar. rouge, dent., dos orné, tr. dor. (*Simier.*)

150. Recueil des meilleurs contes en vers (par La Fontaine, Voltaire, Vergier, Senecé, Perrault, Grécourt, Piron, Autereau, etc.). *Londres* (*Paris, Cazin*), 1778, 4 vol. in-18, fig. de *Duplessis-Bertaux*, mar. orange, fil., dos ornés, dent. intér., tr. dor. (*David.*)

151. CONTES ET NOUVELLES EN VERS, par M. de La Fontaine (édition publiée aux frais des fermiers généraux, avec une notice par Diderot). *A Amsterdam* (*Paris, Barbou*, 1762, 2 vol. in-8, portr. de La Fontaine et d'Eisen, gravés par *Ficquet*, fig. d'*Eisen*, fleurons et culs-de-

lampe de *Choffard,* mar. rouge, fil., tr. dor. (*Rel. anc.*)

152. Chants et Chansons populaires de la France. *Paris, H. Delloye,* 1843, 3 vol. gr. in-8, musique et fig. dessinées par MM. *E. de Beaumont, Daubigny, Giraud, Meissonier, Staal, Trimolet,* etc., mar. rouge, fil., dos orné, dent. intér., tr. dor. (*Chambolle-Duru.*)

Très bel exemplaire de premier tirage, avec les couvertures.

153. Choix de Chansons, mises en musique par M. de La Borde, orné d'estampes par J.-M. Moreau. *A Paris, chez de Lormel,* 1773, 4 tomes en 2 vol. gr. in-8, portr., titre gravé, 4 frontispices et 100 figures, dessinés par *Moreau, Le Bouteux* et *Lebarbier*, gravés par *Moreau, Masquelier, Née,* etc., mar. rouge, larges dent., dos orné, dent. intér., tr. dor. (*Thibaron.*)

Bel exemplaire, avec le portrait de La Borde, gravé par Masquelier, d'après Denon.

III. POÉSIE DRAMATIQUE

1. POÈTES DRAMATIQUES GRECS ET LATINS

154. Le Théâtre des Grecs, par le P. Brumoy, seconde édition complète, revue, corrigée et augmentée de la traduction d'un choix de fragmens des poètes grecs, tragiques et comiques, par M. Raoul Rochette. *A Paris, chez Mme Ve Cussac,* 1820, 16 vol. in-8, demi-rel. mar. vert, dos et coins, tête dor., non rognés.

Exemplaire en grand papier vélin.

155. Pub. Sex. Terentii Afri comici, Adelphi, Hecyra, Phormio, Andria, Eunuchus, Heautontimorumenos. *Parisiis, apud Simonem Colinæum et Franciscum Stephanum,* 1539, 6 parties en 1 vol. in-4, mar. rouge, compart., dorure à petits fers et au pointillé, dent. intér., tr. dor. (*Capé.*)

Très bel exemplaire.

2. POÈTES DRAMATIQUES FRANÇAIS

Corneille. — Molière. — Racine. — Regnard.

156. RECUEIL DE FARCES, moralités et sermons joyeux, publié, d'après le manuscrit de la Bibliothèque royale, par Leroux de Lincy et Francisque Michel. *Paris, chez Techener,* 1837, 4 vol. in-8, papier de Hollande, demi-rel. mar. rouge, dos et coins, tête dor., non rognés. (*Bauzonnet-Trautz.*)

Édition tirée à 76 exemplaires. L'un des dix tirés sur papier de Hollande.

157. Les Tragédies de Robert Garnier. *A Paris, par Mamert Patisson,* 1585, in-12, mar. rouge, fil., dos orné, dent. intér., tr. dor. (*Thibaron-Joly.*)

158. LE THÉATRE DE P. CORNEILLE, reveu et corrigé par l'autheur. *Imprimé à Rouen et se vend à Paris, chez Thomas Jolly,* 1664, 2 vol. in-fol., portr. et front. gravé, mar. rouge, fil., dos ornés, dent. intér., tr. dor.

159. La Mort de Pompée, tragédie (par P. Corneille). *A Paris, chez Antoine de Sommaville,* 1644, in-12, mar. rouge, fil. à la Du Seuil, dos orné, tr. dor. (*Rel. anc.*)

Édition originale in-12.

160. Agésilas, tragédie en vers libres rimez, par P. Corneille. *A Rouen, et se vend à Paris, chez Guillaume de Luyne,* 1666, in-12, mar. rouge, fil., dos orné, dent. intér., tr. dor. (*Capé.*)

Édition originale.

161. Les Œuvres de monsieur Montfleury, contenant ses pièces de théâtre. *A Amsterdam, chez Adrian Braakman,* 1698, 2 vol. pet. in-12, front. gravé, fig., mar. rouge, fil., dos ornés, dent. intér., tr. dor. (*Bauzonnet-Trautz.*)

162. LES ŒUVRES DE MONSIEUR MOLIÈRE. *A Paris, chez Claude Barbin,* 1666, 2 vol. in-12, front. gravés par *Chauveau,* mar. rouge jans., doublé de mar. rouge, fil. à la Du Seuil, tr. dor. (*Chambolle-Duru.*)

Première édition originale des œuvres de Molière. Les frontispices gravés représentent Molière et sa femme dans les costumes de leurs principaux rôles et couronnés par Thalie.

163. Les Œuvres de monsieur de Molière, reveues, corrigées et augmentées, enrichies de figures en taille-douce. *A Paris, chez Denys Thierry,* 1682, 8 vol. in-12, fig. de *Brissart,* mar. rouge, fil. à la Du Seuil, dos ornés, dent. intér., tr. dor. (*Masson-Debonnelle.*)

Première édition complète des œuvres de Molière, publiée par Vinot et Lagrange.

164. L'ESCOLE DES FEMMES, comédie, par J.-B. P. Molière. *A Paris, chez Thomas Jolly,* 1663, in-12, front. gravé, mar. rouge jans., dent. intér., tr. dor. (*Chambolle-Duru.*)

Édition originale.

165. LE MISANTROPE, comédie, par J.-B. P. Molière. *A Paris, chez Jean Ribou,* 1667, in-12, front. gravé, mar. rouge jans., dent. intér., tr. dor. (*Trautz-Bauzonnet.*)

Édition originale.

166. AMPHITRION, comédie, par J.-B. P. de Molière. *A Paris, chez Jean Ribou,* 1668, in-12, mar. rouge jans., dent. intér., tr. dor. (*Trautz-Bauzonnet.*)

Édition originale.

167. LES FEMMES SCAVANTES, comédie, par J.-B. P. Molière. *Et se vend pour l'autheur, à Paris, au Palais et chez Pierre Promé,* 1673, in-12, mar. rouge, milieu doré, dent. intér., tr. dor.

Édition originale.

168. Rodogune, tragi-comédie (par Gilbert). *A Paris, chez Augustin Courbé,* 1646, in-4, vél. blanc.

169. ŒUVRES DE RACINE. *A Paris, chez Denys Thierry,*

1679, 2 vol. in-12, front. et fig. gravés par *Chauveau* et *Séb. Leclerc,* d'après *Ch. Lebrun,* mar. rouge, fil., dos ornés, dent. intér., tr. dor. (*Capé.*)

Première édition collective des neuf pièces de Racine représentées jusqu'alors, c'est-à-dire depuis la *Thébaïde, ou les Fréres ennemis,* jusqu'à *Iphigénie.* A la fin du tome II se trouve *Phèdre et Hippolyte* en édition originale.

170. Œuvres de Racine. *A Paris, chez Claude Barbin,* 1697, 2 vol. in-12, front. et fig. de *Chauveau,* mar. rouge, fil., dos ornés, dent. intér., tr. dor. (*Trautz-Bauzonnet.*)

Édition rare et estimée. La dernière publiée du vivant de Racine, et la première contenant *Esther* et *Athalie.*

171. ANDROMAQUE, tragédie (par Racine). *A Paris, chez Claude Barbin,* 1668, in-12, mar. rouge jans., dent. intér., tr. dor. (*Chambolle-Duru.*)

Édition originale.

172. BERENICE, tragédie, par M. Racine. *A Paris, chez Claude Barbin,* 1671, in-12, mar. bleu jans., dent. intér., tr. dor. (*Duru.*)

Édition originale.

173. MITHRIDATE, tragédie, par M. Racine. *A Paris, chez Claude Barbin,* 1673, in-12, mar. bleu, fil., dos orné, dent. intér., tr. dor. (*Capé.*)

Édition originale.

174. ESTHER, tragédie, tirée de l'Escriture sainte (par Racine). *A Paris, chez Denys Thierry,* 1689, in-12, fig., mar. vert, fil. à la Du Seuil, dos orné, tr. dor. (*Niedrée.*)

Exemplaire portant sur le titre de la main de l'auteur : « A Madame Bitaut par M. Racine. »

175. Les Œuvres de M. Regnard. *A Paris, chez Pierre Ribou,* 1708, 2 vol. in-12, fig., mar. vert, fil., dos ornés, dent. intér., tr. dor. (*Hardy.*)

Édition originale, rare.

A la fin du tome II on a relié les *éditions originales* du Légataire universel et de la Critique du Légataire, publiées par *P. Ribou* en 1708.

176. Œuvres dramatiques de N. Destouches; nouvelle édition, précédée d'une notice sur la vie et les ouvrages de l'auteur. *A Paris, de l'imprimerie de Crapelet*, 1822, 6 vol. in-8, portr., demi-rel. mar. bleu, dos et coins, non rognés. (*Simier.*)

L'un des 80 exemplaires tirés sur grand papier vélin.

177. Œuvres de M. de Crébillon, de l'Académie françoise. *A Paris, de l'Imprimerie Royale,* 1750, 2 vol. in-4, front. et fleurons, dessinés par *Boucher,* gravés par *Lebas,* mar. rouge, fil., dos ornés, tr. dor. (*Rel. anc.*)

IV. ROMANS

1. ROMANS GRECS

178. LES AMOURS PASTORALES DE DAPHNIS ET CHLOÉ (traduites du grec de Longus, par Jacques Amyot, avec un avertissement d'Ant. Lancelot). *S. l.* (*Paris, imprimerie de Quillau*), 1718, pet. in-8, fig. gravées par *B. Audran,* d'après les dessins de *Philippe, duc d'Orléans,* mar. rouge, fil., dos orné, doublé de tabis, tr. dor. (*Rel. anc.*)

Édition dite du Régent, premières épreuves des figures avec la 29e planche intitulée : *Conclusion du roman*, gravée en 1728, par le *comte de Caylus*, et un dessin de cette planche signé : PHILIPPUS INV. ET PINXIT 1714.

179. LES AMOURS PASTORALES DE DAPHNIS ET CHLOÉ (traduites du grec de Longus, par Jacques Amyot, avec un avertissement par Ant. Lancelot). *S. l.* (*Paris, imprimerie de Quillau*), 1718, pet. in-8, fig. gravées par *Audran,* d'après les dessins de *Philippe, duc d'Orléans,* mar. rouge, fil., dos orné, gardes de tabis, tr. dor. (*Rel. anc.*)

Bel exemplaire, de l'édition dite du Régent, avec la 29e figure, *Conclusion du roman*.

2. ROMANS FRANÇAIS

A. *Recueils. — Romans de Chevalerie.*

180. Le Romant des romans, où l'on verra la suitte et la conclusion de don Belianis de Grece, du chevalier du Soleil et des Amadis, par Du Verdier. *A Paris, chez Toussaincts du Bray, s. d.,* 7 vol. in-4, titres gravés, fig., mar. rouge, fil., dos ornés, tr. dor. (*Rel. anc.*)

181. LA TRES ELEGÃTE DELICIEUSE melliflue et tres plaisante hystoire du tres noble victorieux et excellentissime roy Perceforest roy de la Grant Bretaigne fundateur du franc palais et du temple du souverain Dieu ; avec les merveilleuses entreprinses, faitz et advẽtures du tres belliqueulx Gadisser roy Descosse, lesquelz Lẽpereur Alexandre le grant couronna roys soubz son obeissance ; en laquelle hystoire le lecteur pourra veoir la source et decoration de toute chevalerie, culture de brave noblesse, prouesses et cõquestes infinies acõplies des le tẽps de Jullius Cesar ; avecqs plusieurs propheties, comptes Damãs à leurs diverses fortunes. *Nouvellement imprimé à Paris, Egidius Gourmont,* 1531, 6 tomes en 3 vol. in-folio, caract. goth., à 2 colonnes, veau fauve, dent., dos ornés, tr. dor.

Bel exemplaire réglé de ce très rare roman de chevalerie.

182. Les Amours de Psiché et de Cupidon, avec le poëme d'Adonis, par M. de La Fontaine. *A Paris, chez Claude Barbin,* 1669, in-8, mar. rouge, fil., dos orné, dent. intér., tr. dor. (*Chambolle-Duru.*)

Édition originale.

B. *Romans en prose poétique.*

183. Les Avantures de Télémaque, fils d'Ulysse, par feu messire François de Salignac de Fénelon. Première

édition conforme au manuscrit original (publiée par le marquis de Fénelon). *A Paris, chez Florentin Delaulne,* 1717, 2 vol. in-12, portr. de Fénelon, gravé par *Duflos,* d'après *Bailleul,* et fig. de *Bonnart,* mar. rouge, fil., dos ornés, dent. intér., tr. dor. (*Hardy-Mennil.*)

Bel exemplaire de l'édition originale en gros caractères. Hauteur : 164 millimètres.

184. Le Temple de Gnide (par Montesquieu), nouvelle édition, avec figures gravées par Le Mire, le texte gravé par Drouet. *A Paris, chez Le Mire,* 1772, gr. in-8, front. gravé avec le portr. de Montesquieu, titre et 9 figures dessinés par *Eisen,* gravés par *Le Mire,* mar. rouge jans., dent. intér., tr. dor. (*Chambolle-Duru.*)

C. *Romans de divers genres.*

185. Les Œuvres de M. François Rabelais, augmentées de la vie de l'auteur et de quelques remarques sur sa vie et sur l'histoire. *S. l.* (*Amsterdam, L. et Dan. Elzevier*), 1663, 2 vol. pet. in-12, mar. rouge, dent., tr. dor. (*Bozérian.*)

Bel exemplaire. Hauteur : 131 millimètres.

186. Œuvres de maître François Rabelais, avec des remarques historiques et critiques de M. Le Duchat ; nouvelle édition, augmentée de nouvelles remarques, de plusieurs pièces curieuses, et ornée de figures de B. Picart. *A Amsterdam, chez J.-F. Bernard,* 1741, 3 vol. in-4, front. par *Folkema,* portr. par *Tanjé,* culs-de-lampe et vignettes par *B. Picart* et 12 estampes gravées par *Folkema* et *Tanjé,* d'après *Dubourg,* mar. citron, fil. à la Du Seuil, dos ornés, dent. intér., tr. dor. (*Masson-Debonnelle.*)

187. Les Angoysses douloureuses qui procedent d'amours, composées par dame Helisenne (de Crenne). *On les vend à Paris, par Pierre Hermier,* 1541, 3 par-

ties en 1 vol. pet. in-8, mar. orange, fil., dos orné, dent. intér., tr. dor. (*Niedrée.*)

188. ZAYDE, HISTOIRE ESPAGNOLE, par M. de Segrais (Marie de La Vergne, comtesse de La Fayette), avec un traité de l'Origine des romans par M. Huet. *A Paris, chez Claude Barbin*, 1670-1671, 2 vol. pet. in-8, mar. bleu, fil. et milieu dorure à petits fers, dos ornés, dent. intér., tr. dor. (*Trautz-Bauzonnet.*)

Édition originale.

189. LA PRINCESSE DE CLÈVES (par Marie de La Vergne, comtesse de La Fayette). *A Paris, chez Claude Barbin*, 1678, 4 tomes en 2 vol. in-12, mar. bleu, compart. de fil., coins et milieu dorure à petits fers, dos ornés, dent. intér., tr. dor. (*Lortic.*)

Édition originale.

190. Histoire de Marguerite de Valois, reine de Navarre, par Mlle de La Force (publiée par J.-B. de La Borde). *A Paris, de l'imprimerie de Didot l'aîné*, 1783, 6 vol. in-12, mar. rouge, fil., dos ornés, tr. dor. (*Rel. anc.*)

191. Histoire de Gil Blas, par M. Le Sage. *A Paris, par les Libraires associés*, 1747, 4 vol. in-12, fig., mar. rouge, fil., dos ornés, dent. intér., tr. dor. (*Brany.*)

Dernière édition et la meilleure publiée du vivant de Le Sage.

192. HISTOIRE DU CHEVALIER DES GRIEUX et de Manon Lescaut (par l'abbé Prévost). *A Amsterdam, aux dépens de la Compagnie* (*Paris, Didot*), 1753, 2 vol. in-12, vignettes et figures dessinées par *Gravelot* et *Pasquier*, gravées par *Pasquier* et *Le Bas*, mar. citron, fil., dos ornés, dent. intér., tr. dor.

Exemplaire en grand papier de Hollande, provenant de la bibliothèque de M. BORDES.

193. HISTOIRE DE MANON LESCAUT et du chevalier Des Grieux, par l'abbé Prévost. *A Paris, de l'imprimerie de P. Didot l'aîné*, 1797, 2 vol. in-18, pap. vél., figures

dessinées par *Lefèvre*, gravées par *Coiny*, mar. vert, fil., dent. intér., tr. dor. (*Duru.*)

Bel exemplaire en grand papier, avec les figures AVANT LA LETTRE.

194. ZELOMIR PAR MOREL (VINDÉ). *A Paris, chez Bleuet, de l'imprimerie de P. Didot l'aîné*, 1801, in-18, pap. vélin, fig., mar. bleu, fil., dos orné, dent. intér., tr. dor. (*Cuzin.*)

Exemplaire en grand papier, avec les figures dessinées par *Lefèvre*, gravées par *Godefroy*, en double état, épreuves AVANT LA LETTRE et EAUX-FORTES.

D. *Romans. — Féeries. — Contes et Nouvelles.*

195. Bibliothèque choisie de contes, de facécies, de bons mots, et de pièces fugitives, par une Société de gens de lettres (L. Langlès, E. Simon, etc.) *A Paris, chez Royer*, 1786, 8 vol. in-18, demi-rel. mar. rouge, dos et coins, non rognés.

Exemplaire en grand papier tiré de format in-8. Rare.

196. Les Contes de Fées, en prose et en vers, de Charles Perrault, nouvelle édition, revue et corrigée sur les éditions originales, et précédée d'une lettre critique par Ch. Giraud. *Paris, Imprimerie Impériale*, 1864, in-8, portr. et vignettes, mar. rouge, fil., dos orné, dent. intér., tr. dor. (*Chambolle-Duru.*)

197. L'Heptameron, ou les Nouvelles de Marguerite, reine de Navarre. *Berne, chez la nouvelle Société typographique*, 1780-1781, 3 vol. in-8, front., vignettes et culs-de-lampe gravés par *Dunker*, 73 fig. de *Freudenberg*, mar. rouge, fil., dos ornés, tr. dor. (*Rel. anc.*)

198. Contes moraux, par M. Marmontel. *A Paris, chez J. Merlin*, 1765, 3 vol. in-8, portr. dessiné par *Cochin*, gravé par *Saint-Aubin*, 3 titres et 23 figures de *Gravelot*, mar. rouge, fil., dos ornés, tr. dor. (*Rel. anc.*)

3. ROMANS ESPAGNOLS, ALLEMANDS ET ANGLAIS

199. El Ingenioso hidalgo Don Quixote de la Mancha, compuesto por Miguel de Cervantes Saavedra, nueva edicion, corregida por la Real Academia española. *En Madrid, por don Joaquin Ibarra,* 1780, 4 vol. in-4, fig., mar. rouge, fil., dos ornés, dent. intér., tr. dor. (*Chambolle-Duru.*)

200. El Ingenioso hidalgo Don Quixote de la Mancha, compuesto por Miguel de Cervantes Saavedra, corregido de nuevo, con nuevas notas, con nuevas viñetas, con nuevo analisis, y con la vida de el autor nuevamente aumentada, por don Juan Antonio Pellicer. *En Madrid, por Don Gabriel de Sancha,* 1798, 9 vol. in-18, front. et vignettes, veau marbre, fil., dos orné, tr. dor.

201. Novellas exemplares de Miguel de Cervantes Saavedra. *En Madrid, por Juan de la Cuesta,* 1614, in-4, mar. rouge jans., dent. intér., tr. dor. (*David.*)

Seconde édition, excessivement rare.

202. ŒUVRES DE SALOMON GESSNER, traduites en françois (par Huber Meister, et l'abbé Bruté de Loirelle). *A Paris, chez Barrois, s. d.* (1786-1793), 3 vol. in-fol., fig., mar. rouge, fil., dos ornés, tr. dor. (*Rel. anc.*)

3 titres gravés, 3 frontispices, 72 figures, 4 vignettes et 67 culs-de-lampe, dessinés par *Le Barbier*, gravés par *Dambrun, Delignon, Gaucher, Halbou, De Longueuil, Ponce, Trière*, etc.
Bel exemplaire en grand papier, tiré de format in-folio, épreuves AVANT LES NUMÉROS.

203. Clarisse Harlowe (par Richardson), traduction nouvelle et seule complète par M. Le Tourneur. *A Paris, chez Moutard,* 1785, 10 vol. in-8, fig. de *Chodowiecki,* veau fauve, fil., tr. dor.

Bel exemplaire en grand papier de Hollande, avec les figures AVANT LA LETTRE.

V. PHILOLOGIE

CRITIQUE. — SATIRES. — EMBLÈMES

204. Traité des premières veritez et de la source de nos jugemens, où l'on examine le sentiment des philosophes de ce temps, sur les premières notions des choses, par le P. Buffier. *A Paris, chez la veuve Maugé,* 1724, in-12, mar. rouge, fil., dos orné, tr. dor.

Aux armes de Prondre de Guermante.

205. L'Éloge de la Folie, traduit du latin d'Érasme par M. Gueudeville. Nouvelle édition, revue et corrigée sur le texte de l'édition de Basle, ornée de nouvelles figures, avec des notes (par Meunier de Querlon). *S. l.* (*Paris*), 1751, in-4, frontispice, fleuron et 13 estampes et vignettes dessinés par *Eisen* et gravés par *de La Fosse, Lemire, Tardieu,* etc., mar. rouge, fil., dos orné, tr. dor. (*Rel. anc.*)

206. Le Théatre moral de la vie humaine, représentée en plus de cent tableaux divers, tirez du poëte Horace par le sieur Otho Venius, et expliquez en autant de discours moraux, par le sieur de Gomberville. *A Bruxelles, chez François Foppens,* 1678, in-fol. veau marbr., fil., dos orné, tr. dor.

VI. ÉPISTOLAIRES

207. Lettres d'Abailard et d'Héloïse, nouvelle traduction, avec le texte à côté, par J.-Fr. Bastien. *A Paris, chez l'Éditeur,* 1782, 2 vol. in-8, mar. rouge, fil., tr. dor. (*Derome.*)

Bel exemplaire en papier de Hollande.

208. Lettres de Marie Rabutin-Chantal, marquise de

Sévigné, à madame la comtesse de Grignan, sa fille. *S. l.*, 1726, 2 vol. in-12, portr., mar. rouge, fil., dos ornés, dent. intér., tr. dor. (*Cuzin.*)

Bel exemplaire de l'édition originale, imprimée en gros caractères : tome I, 381 et 1 f. d'errata ; t. II, 324 pages et 1 f. d'errata.

209. LETTRES DE MADAME DE SÉVIGNÉ, de sa famille et de ses amis, recueillies et annotées par M. Monmerqué. Nouvelle édition, revue sur les autographes, les copies les plus authentiques, et augmentée de lettres inédites, d'une nouvelle notice, d'un lexique des mots et locutions remarquables, de portraits, de vues et fac-similés, etc. *Paris, L. Hachette,* 1862, 14 vol. in-8, portr. et fig., mar. bleu, fil., dos ornés, doublés de mar. rouge, dent., armes de Mme de Sévigné en mosaïque, tr. dor. (*Chambolle-Duru.*)

Exemplaire en grand papier de Hollande, auquel on a ajouté : la suite de 25 portraits par *Devéria*, épreuves AVANT LA LETTRE et EAUX-FORTES ; la suite de figures publiées par *Blaise*, gravées par *Masquelier* et *Dien* ; 48 pièces tirées des émaux de *Petitot*, épreuves AVANT LA LETTRE ; un très grand nombre d'autres portraits parmi lesquels nous citerons : Mme de Scudéry, d'après *Marillier*, gr. par *Pons* ; Colbert, gr. par *Savart* ; Mme de Staal, gr. par *Delvaux* ; La Fontaine, gr. par *Ficquet*, avec la fable le Loup et l'Agneau ; Racine, gr. par *Savart* ; Corneille, gr. par *Ficquet* ; Montaigne, gr. par *Ficquet* et par *Lebeau* ; Molière, gr. par *Ficquet* ; Louis XIV, gr. par *Savart* ; Turenne, gr. par *De Marcenay*, épreuve AVANT TOUTE LETTRE ; le prince de Condé, gr. par *Savart* ; Mme Deshoulières, Descartes, gr. par *Ficquet* ; Fénelon, gr. par *Savart* ; Boileau, gr. par *Savart* ; Mme de Maintenon, gr. par *Ficquet* ; Fénelon, d'après *Vivien*, gr. par *Ficquet* ; Henri IV, gr. par *De Marcenay* ; Voltaire, gr. par *Ficquet*, etc. — Ensemble 793 pièces.

VII. POLYGRAPHES LATINS, FRANÇAIS ALLEMANDS ET ANGLAIS

210. Bibliothèque latine-française publiée par Panckoucke. *Paris, Panckoucke,* 1837-1846, 210 vol. in-8, et Iconographie in-4, demi-rel. cuir de Russie, dos et coins, tête dor., non rognés.

Exemplaire en grand papier vélin.

211. M. Tullii Ciceronis operum omnium (ex editione Jos. Oliveti). *Glasguæ, excudebant Rob. et And. Foulis,* 1749, 20 vol. pet. in-12, mar. rouge, dent., dos ornés, tr. dor.

Très bel exemplaire en papier fort, aux armes de Gondi-Retz.

212. Œuvres de J.-Louis Guez de Balzac. *A Amsterdam et à Leyde, chez les Elzeviers,* 1656-1664, 7 vol. pet. in-12, mar. rouge, fil., dos ornés, dent. intér., tr. dor. (*Duru.*)

Contenant : Lettres choisies, 1656. — Œuvres diverses, 1658. — Les Entretiens, 1659. — Lettres à Chapelain, 1661. — Le Socrate chrestien, 1662. — Lettres à Conrart, 1664. — Aristippe, ou de la Cour, 1664.

Bel exemplaire. Hauteur : 130 millim.

213. Œuvres de monsieur Scarron. Nouvelle édition, revue, corrigée et augmentée de l'histoire de sa vie et de ses ouvrages, d'un discours sur le style burlesque et de quantité de pièces. *A Amsterdam, chez J. Wetstein,* 1752, 7 vol. pet. in-12, portr. et fig., demi-rel. mar. brun, non rognés. (*Thouvenin.*)

214. Œuvres complètes de Bossuet, revues sur les manuscrits originaux et les éditions les plus complètes. *A Versailles, de l'imprimerie de Lebel,* 1815, 43 vol. — Histoire de J.-B. Bossuet, composée sur les manuscrits originaux par M. L.-F. de Bausset. *A Versailles, de l'imprimerie de Lebel,* 1814, 4 vol. — Ensemble 47 vol. in-8, portr., demi-rel. mar. chag. grenat, dos et coins, tête dor., non rognés.

215. Œuvres complètes de Fléchier, avec une notice ou discours préliminaire sur la vie et les ouvrages de ce célèbre orateur par A.-V. Fabre de Narbonne. *Paris, Boiste,* 1828, 10 vol. in-8, portr., demi-rel. mar. chag. grenat, dos et coins, tête dor., non rognés.

216. Œuvres de Fénelon, publiées d'après les manuscrits originaux et les éditions les plus correctes, avec un grand nombre de pièces inédites. *A Versailles, de l'imprimerie de Lebel,* 1820, 24 vol., — Corres-

pondance de Fénelon, publiée pour la première fois sur les manuscrits originaux et la plupart inédits. *Paris, A. Le Clere*, 1827, 11 vol. — Histoire de Fénelon, composée sur les manuscrits originaux par M. L.-F. de Bausset. *A Versailles, de l'imprimerie de Lebel*, 1817, 4 vol. — Ensemble 39 vol. in-8, portr., demi-rel. mar. chag. grenat, dos et coins, tête dor., non rognés.

217. Œuvres de M. l'abbé de Saint-Réal; nouvelle édition, revue, corrigée et augmentée d'un volume, enrichie de figures en taille-douce et de vignettes. *A Amsterdam, chez Fr. L'Honoré*, 1740, 6 vol. in-12, fig., demi-rel. mar. rouge, tête dor., non rognés.

218. Œuvres diverses de M. de Fontenelle, de l'Académie françoise; nouvelle édition, augmentée et enrichie de figures gravées par Bernard Picart le Romain. *A La Haye, chez Gosse et Neaulme*, 1728, 3 vol. in-fol., 6 front., 2 fleurons et 174 vignettes et culs-de-lampe, mar. rouge, fil., dos ornés, tr. dor. (*Rel. anc.*)

Très bel exemplaire provenant de la bibliothèque de M. Grésy.

219. Œuvres complètes d'Alexis Piron, publiées par M. Rigoley de Juvigny. *A Paris, de l'imprimerie de M. Lambert*, 1776, 7 vol. in-8, portr. dess. et gravé par *Saint-Aubin* d'après *Caffieri*, mar. vert, fil., tr. dor. (*Rel. anc.*)

Bel exemplaire en grand papier de Hollande.

220. ŒUVRES COMPLÈTES DE VOLTAIRE, avec des notes, préfaces et avertissements, par M. Beuchot. *A Paris, chez Lefèvre* (*imprimerie de Firmin-Didot*), 1829-1834, 70 vol. — Table analytique, rédigée par Miger. *Paris*, 1841, 2 vol. — Ensemble 72 vol. gr. in-8, fig., demi-rel. mar. rouge, dos et coins, tête dor., non rognés. (*Capé.*)

Très bel exemplaire en grand papier jésus vélin, auquel on a ajouté la suite de 160 figures de *Moreau*, publiée par Renouard, en double état, épreuves AVANT ET AVEC LA LETTRE sur papier de Chine; un très grand nombre de portraits, parmi lesquels : Voltaire, gr. par *Ficquet;* La Harpe, Franklin, gr. par *Tardieu* d'après *Duplessis*, en trois états; Frédéric le Grand, Vertot, gr. par *Langlois*, AVANT et AVEC LA LETTRE; La Rochefoucauld, gr. par *Choffard*, en double état; Voltaire, gr. par *De Launay*, d'après *Marillier*; Fréron, gr. par *Cochin*; comte de Tressan, gr. par *De Launay*; Gentil-Bernard, gr. par *Delvaux*, en double état, etc. Ensemble 420 pièces.

221. Œuvres de J.-J. Rousseau, citoyen de Genève; édition collationnée sur les manuscrits originaux de l'auteur. *A Paris, chez Defer de Maisonneuve* (*de l'imprimerie de Didot jeune*), 1793-1800, 18 vol. in-4, 35 figures dessinées par *Cochin*, gravées par *Choffard, Dambrun, De Launay, Delvaux, Dupréel, de Ghendt, Halbou, Lemire, Patas, Trière*, etc., mar. rouge, dent., dos orné, tr. dor. (*Simier*.)

Bel exemplaire; épreuves AVANT LA LETTRE.

222. Œuvres complètes de Jacques-Henri Bernardin de Saint-Pierre; nouvelle édition, revue, corrigée et augmentée par L.-Aimé Martin. *Paris, P. Dupont*, 1826, 16 vol. in-8, portr., demi-rel. veau vert, non rognés.

223. Œuvres complètes de M. le vicomte de Chateaubriand. *Paris, Ladvocat*, 1826, 28 tomes en 32 vol. — Essai sur la littérature anglaise, ou Considérations sur le génie des hommes, des temps et des révolutions, par M. de Chateaubriand. *Paris, Ch. Gosselin*, 1836, 2 vol. — Le Paradis perdu de Milton, traduction nouvelle par M. de Chateaubriand. *Paris, Furne*, 1836, 2 vol. — Mémoires d'outre-tombe, par M. de Chateaubriand. *Paris, Dufour*, 1860, 6 vol. — Ensemble 42 vol. in-8, fig., demi-rel. mar. vert, dos et coins, tête dor., non rognés.

Exemplaire en grand papier vélin, auquel on a ajouté une suite de figures sur papier de Chine.

224. Œuvres complètes de Lamartine. *Paris, chez l'auteur*, 1860, 40 vol. — Cours familier de littérature, par M. de Lamartine. *Paris*, 1856-1869, 28 vol. — Ensemble 68 vol. in-8, portr., demi-rel. mar. rouge, dos et coins, tête dor., non rognés.

225. ŒUVRES COMPLÈTES DE VICTOR HUGO; nouvelle édition, ornée de vignettes. *Paris, A. Houssiaux, Pagnerre, Lacroix, M. Lévy*, 1860-1880. — Ensemble 60 tomes en 58 vol. in-8, fig., demi-rel. mar. rouge, dos et coins, tête dor., non rognés.

Bel exemplaire tiré sur grand papier de Hollande, contenant : Œuvres, 20 vol. — La Légende des siècles, 3 vol. — Les Misérables, 10 vol. — L'Homme qui rit, 4 vol. — Torquemada. — Les Châtiments. — William Shakspeare. — Histoire d'un crime, 2 vol. — L'Année terrible. — Les Quatre Vents de l'esprit, 2 vol. — Les Travailleurs de la mer, 3 vol. — Les Chansons des rues et des bois. — Actes et Paroles avant l'exil, pendant l'exil, après l'exil, 3 vol. — Napoléon le Petit. — L'Art d'être grand-père. — Le Pape. — La Pitié suprême, 2 tomes en 1 vol. — Religions et religion. — L'Ane, 2 tomes en 1 vol. — Victor Hugo raconté par un témoin de sa vie.

226. ŒUVRES COMPLÈTES D'ALFRED DE MUSSET, avec lettres inédites, variantes, notes, index, fac-similé, notice biographique par son frère; édition ornée de 28 dessins de Bida et d'un portrait d'Alfred de Musset gravés sous la direction de Henriquel-Dupont. *Paris, Charpentier*, 1866, 10 vol. gr. in-8, fig., mar. rouge, fil., dos ornés, dent. intér., tr. dor. (*Chambolle-Duru.*)

Exemplaire en grand papier de Hollande.

227. ŒUVRES DE SCHILLER, traduction nouvelle par Ad. Regnier. *Paris, Hachette,* 1859, 8 vol. in-8, mar. rouge, fil., dos ornés, dent. intér., tr. dr. (*Masson-Debonnelle.*)

Exemplaire en grand papier de Hollande.

228. ŒUVRES de GŒTHE, traduction nouvelle par Jacques Porchat. *Paris*, *Hachette*, 1861, 10 vol. in-8, portr., mar. rouge, fil., dos ornés, dent. intér., tr. dor. (*Masson-Debonnelle.*)

Exemplaire en grand papier de Hollande.

229. Œuvres complètes d'Alexandre Pope, traduites en françois; nouvelle édition, revue, corrigée, augmentée du texte anglois mis à côté des meilleures pièces,

et ornée de belles gravures. *A Paris, chez la veuve Duchesne,* 1779, 8 vol. in-8, portr. gravé par *Lebeau,* fig. de *Marillier,* mar. rouge, fil., dos ornés, tr. dor. (*Rel. anc.*)

Très bel exemplaire provenant de la bibliothèque de M. de La Bédoyère.

HISTOIRE

I. VOYAGES

230. Voyage pittoresque de la Grèce (par le comte de Choiseul-Gouffier). 283 vues, monuments et costumes gravés par Choffard, etc. *Paris,* 1782-1822, 2 tomes en 3 vol. in-fol., fig., demi-rel. mar. rouge, dos et coins, tête dor., non rognés.

231. Voyage en Perse, de MM. Eugène Flandin et Pascal Coste, pendant les années 1840 et 1841. *Paris, Gide et Baudry, s. d.*, 6 vol. gr. in-fol., demi-rel. mar. rouge, dos et coins.

232. Monuments modernes de la Perse, mesurés, dessinés et décrits, par Pascal Coste. *Paris, A. Morel,* 1867, in-fol., 71 planches noires et en couleurs, demi-rel. mar. brun, dos et coins, tête dor., non rogné.

II. HISTOIRE UNIVERSELLE

233. Chronicorum liber (per Hartman Schedel). *Hunc librum... Ant. Koberger Nurenbergæ impressit, anno*

1493, in-fol., caract. goth., fig., mar. brun, fers à froid, tr. dor. (*Chambolle-Duru.*)

Bel exemplaire de ce livre curieux, orné de plus de 2,000 gravures sur bois.

234. Le Grand Théâtre historique, ou Nouvelle Histoire universelle, tant sacrée que profane, depuis le commencement du monde jusqu'au commencement du XVIIIe siècle. *A Leide, chez Pierre Vander Aa,* 1703, 5 tomes en 3 vol. in-fol., front. gravé, portr. et fig., mar. rouge, fil., dos fleurdelisé, tr. dor.

Aux armes et au chiffre du roi Louis XIV.

III. HISTOIRE DES RELIGIONS

235. Histoire du Clergé séculier et régulier, des congrégations de chanoines et de clercs et des ordres religieux de l'un et de l'autre sexe, qui ont été établis jusques à présent, avec des figures qui représentent les habillemens de ces ordres. Nouvelle édition tirée du R. P. Bonanni, de Herman, de Schoonebeck, du R. P. Helyot, etc. *A Amsterdam, chez Pierre Brunel,* 1716, 4 vol. in-8, fig., mar. brun jans., dent. intér., tr. dor. (*Chambolle-Duru.*)

Exemplaire en grand papier.

236. Histoire des Ordres militaires, ou des Chevaliers des milices séculières ou régulières de l'un et de l'autre sexe, qui ont été établies jusqu'à présent. Nouvelle édition, tirée de l'abbé Giustiniani, du R. P. Bonanni, de Herman, de Schoonebeck, du R. P. Helyot, etc.; suivie d'un Traité historique de M. Basnage sur les duels. *A Amsterdam, chez Pierre Brunel,* 1721, 4 vol. in-8, fig., mar. brun, jans., dent. intér., tr. dor. (*Chambolle-Duru.*)

Exemplaire en grand papier.

237. La Morale des Jésuites, extraite de leurs livres, imprimez avec la permission et l'approbation des supé-

rieurs de leur Compagnie, par un docteur de Sorbonne (Nic. Perrault). *A Mons, chez la vefve Waudret,* 1667, in-4, mar. rouge, fil. à la Du Seuil, dos orné, tr. dor.

Aux armes du COMTE D'HOYM.

238. Les Vies des saints Pères des déserts et de quelques saintes, écrites par des Pères de l'Église et autres anciens auteurs ecclésiastiques grecs et latins, traduites en françois, par M. Arnauld d'Andilly. *A Paris, chez J.-F. Josse,* 1736, 3 vol. in-8, mar. rouge, fil., dos ornés, tr. dor.

Aux armes de Madame ADÉLAÏDE, FILLE DE LOUIS XV.

239. La Vie et légende de monseigneur sainct Françoys. *S. l. n. d.* (*marque de Jehan Petit*), in-8, caract. goth., mar. rouge, fil., dos orné, tr. dor. (*Rel. anc.*)

240. Mémoires pour servir à l'histoire de la fête des Foux, qui se faisoit autrefois dans plusieurs églises, par M. Du Tillot. *A Lausanne,* 1751, in-12, fig., veau fauve, fil., dos ornés, dent. intér., tr. dor.

241. HISTOIRE DES VARIATIONS des Églises protestantes, par messire Jacques-Bénigne Bossuet. *A Paris, chez la veuve de Séb. Mabre-Cramoisy,* 1688, 2 vol. in-4, mar. rouge, fil., dos ornés, tr. dor.

Édition originale. Bel exemplaire aux armes de LAMOIGNON.

242. Religions de l'antiquité, considérées principalement dans leurs formes symboliques et mythologiques ; ouvrage traduit de l'allemand du Dr Frédéric Creuzer, refondu en partie, complété et développé par J.-D. Guignault. *Paris, Treuttel et Wurtz,* 1825-1841, 4 tomes en 10 vol. in-8, 262 planches, demi-rel. mar. rouge, dos et coins, tête dor., non rognés.

IV. HISTOIRE ANCIENNE

243. Histoire des Juifs, écrite par Flavius Joseph sous le titre de Antiquitez judaïques (avec l'histoire de la

guerre des Juifs contre les Romains), traduite sur l'original grec, reveu sur divers manuscrits, par monsieur Arnauld d'Andilly. *A Amsterdam, chez Pierre Mortier*, 1700, in-fol., front., cartes et fig., mar. bleu, fil., dos orné, tr. dor. (*Rel. anc.*)

Bel exemplaire en grand papier.

244. Histoire des Juifs, écrite par Flavius Joseph, sous le titre de Antiquitez judaïques, traduite du grec par Arnauld d'Andilly (avec l'histoire de la guerre des Juifs contre les Romains, par le même). *A Bruxelles, chez E. Henry Fricx,* 1701-1703, 5 vol. pet. in-8, front. et fig. sur cuivre, mar. rouge, fil. à froid, tr. dor. (*Lefebvre.*)

245. La Conjuracion de Catilina y la guerra de Jugurta, por Cayo Salustio Crispo. *En Madrid, por Joachin Ibarra,* 1772, in-fol., mar. rouge, fil., dos orné, tr. dor. (*Rel. anc.*)

V. HISTOIRE MODERNE

1. HISTOIRE DE FRANCE

A. *Histoire générale. — Collections.*

246. LES MONUMENS DE LA MONARCHIE FRANÇOISE, qui comprennent l'histoire de France, avec les figures de chaque règne que l'injure du tems a épargnées, par le R. P. dom Bernard de Montfaucon. *A Paris, chez J.-M. Gandouin,* 1729, 5 vol. in-fol., fig., cuir de Russie, fil., dos orné, tr. dor. (*Rel. anc.*)

Exemplaire en grand papier.

247. Le Thresor des histoires de France, reduites par tiltres, parties en forme d'annotations, partie par lieux communs, par feu Gilles Corrozet. *A Paris, chez Galiot*

Corrozet, 1603, in-8, mar. bleu, jans., dent. intér., tr. dor. (*Raparlier.*)

248. Abrégé chronologique, ou Extraict de l'histoire de France, par le sieur de Mezeray. *A Paris, chez Louis Billaine*, 1668, 3 vol. — Abrégé chronologique de l'histoire de France, sous les règnes de Louis XIII et Louis XIV, pour servir de suite à celui de François de Mezeray. *A Amsterdam, chez David Mortier*, 1728, 1 vol. — Ensemble 4 vol. in-4, mar. rouge, fil., tr. dor. (*Rel. anc.*)

249. Comparaison des deux Histoires de M. Mézeray et du Père Daniel, en deux dissertations, avec une dissertation préliminaire sur l'utilité de l'histoire, par Daniel Lombard. *A Amsterdam, aux dépens de la Compagnie*, 1723, in-4, mar. rouge, fil., tr. dor. (*Rel. anc.*)

250. Histoire de France, depuis les temps les plus reculés jusqu'en 1789, par Henri Martin. *Paris, Furne*, 1865, 17 vol. in-8, fig., demi-rel. mar. rouge, dos et coins, tête dor., non rognés.

Bel exemplaire, auquel on a ajouté un grand nombre de portraits et figures, parmi lesquels nous citerons : Sully, gr. par *de Marcenay;* Maréchal de Saxe, gr. par *de Marcenay;* Vadé, gr. par *Ficquet;* Bernis, gr. par *Savart;* d'Alembert, gr. par *Savart;* Buffon, gr. par *Savart;* Voltaire, gr. par *Ficquet;* Caradeuc de La Chalotais, Crébillon, gr. par *Ficquet;* J.-B. Rousseau, gr. par *Ficquet;* Bayle, gr. par *Savart*, etc. — Ensemble 577 figures.

251. Collection des Mémoires relatifs à l'histoire de France, depuis la fondation de la monarchie française jusqu'au treizième siècle, avec une introduction, des suppléments, des notices et des notes par M. Guizot. *A Paris, chez Brière*, 1823, 31 vol. in-8, demi-rel. mar. vert, dos et coins, tête dor., non rognés.

Exemplaire en papier vélin.

252. Collection des Chroniques nationales françaises, écrites en langue vulgaire du treizième au seizième siècle, avec notes et éclaircissements par J.-A. Bu-

chon. *Paris, Verdière,* 1826, 47 vol. in-8, demi-rel. mar. brun, dos et coins, tête dor., non rognés.

253. Collection complète des Mémoires relatifs à l'histoire de France, depuis le règne de Philippe-Auguste, jusqu'au commencement du dix-septième siècle, avec des notices sur chaque auteur et des observations sur chaque ouvrage, par M. Petitot. *Paris, Foucault,* 1824, 131 vol. in-8, demi-rel. mar. vert, dos et coins, tête dor., non rognés.

Exemplaire en papier vélin.

254. Collection des meilleures dissertations, notices et traités particuliers relatifs à l'histoire de France, composée en grande partie de pièces rares ou qui n'ont jamais été publiées séparément, par C. Leber. *Paris, Dentu,* 1838, 20 vol. in-8, demi-rel. mar. rouge, dos et coins, tête dor., non rognés.

255. Histoire des chanceliers et gardes des sceaux de France, distingués par les règnes de nos monarques, depuis Clovis, premier roy chrestien, jusques à Louis le Grand, XIVe du nom, heureusement régnant, enrichie de leurs armes, blasons et généalogies, par François Du Chesne, fils d'André. *A Paris, chez l'autheur,* 1680, in-fol., blasons et tableaux, mar. rouge, fil., dos fleurdelisé, dent. intér., tr. dor. (*Closs.*)

Bel exemplaire en grand papier. Les blasons sont coloriés et rehaussés d'or et d'argent.

B. *Histoire particulière sous chaque règne.*

256. Le Premier (second et tiers) volume de Enguerran de Monstrellet, ensuyvant Froissart, des croniques de France, Dangleterre, Descoce, Despaigne, de Bretaigne, de Gascongne, de Flandres et lieux circonvoisins; avecques plusieurs aultres nouvelles choses advenues en Lōbardie es ytalles en Allemaigne, Hōgrie, Turquie et terres d'oultre-mer et autres divers pays, le

tout fait et adjousté avecques la cronique dudit Monstrelet. *Imprimé à Paris, l'an de grâce mil v cens et* xviii. *Ilz se vendent à Paris, en la grant rue Sainct-Jaques, a l'enseigne Saint-Claude* (marque de François Regnault), 3 tomes en 2 vol. in-fol., caract. goth., mar. rouge, fil., dos ornés, dent. intér., tr. dor. (*Belz-Niedrée.*)

Bel exemplaire grand de marges.

257. Les Memoires de messire Philippe de Commines, sieur d'Argenton. *A Leide, chez les Elzeviers*, 1648, pet. in-12, titre gravé, mar. vert., jans., dent. intér., tr. dor. (*Thibaron.*)

Bel exemplaire, hauteur 128 millimètres, provenant de la bibliothèque de M. H. Bordes.

258. Journal de Henri III, par P. de L'Estoile ; nouvelle édition, accompagnée de remarques historiques et des pièces les plus curieuses de ce règne (par Lenglet-Dufresnoy). *A La Haye et à Paris, chez la veuve P. Gandouin*, 1744, 5 vol. — Journal du règne de Henri IV (par le même), avec des remarques historiques et politiques du chevalier C. B. A. (Lenglet-Dufresnoy). *A La Haye* (*Paris*), 1741, 4 vol. — Ensemble 9 vol. pet. in-8, portr. et fig., mar. rouge, fil., dos ornés, dent. intér., tr. dor. (*Hardy.*)

259. Satyre Menippée de la vertu du catholicon d'Espagne, et de la tenue des estats de Paris, à laquelle est adjousté un discours sur l'interprétation du mot de *Higuiero d'Infierno*, et qui en est l'auteur ; plus le regret sur la mort de l'asne ligueur, d'une damoiselle, qui mourut durant le siège de Paris, avec des remarques et explications des endroits difficiles (par Pierre Dupuy). *A Ratisbonne, chez Mathias Kerner* (*Hollande, Elzevier*), 1664, pet. in-12, fig., mar. rouge, fil., dos orné, dent intér., tr. dor. (*Hardy.*)

260. L'Avant victorieux (par P. de l'Hostal). *A Orthès, par*

A. Rouyer, 1610, in-8, front. gravé, mar. bleu, fil., dos orné, dent. intér., tr. dor. (*Duru.*)

Le frontispice, gravé par Léonard Gaultier, représente le buste de Henri IV, couronné de lauriers.

261. Mémoires de Maximilien de Béthune, duc de Sully, principal ministre de Henry le Grand, mis en ordre avec des remarques par M. L. D. L. D. L. (l'abbé de l'Écluse des Loges). *A Londres*, 1747, 8 vol. in-12, portr., mar. vert, fil., dos ornés, tr. dor.

Aux armes de Madame Victoire, fille de Louis XV.

262. La France consolée, épithalame pour les nopces du très chrestien Louis XIII, roy de France et de Navarre, et d'Anne d'Austriche, infante d'Espagne (par Favereau). *A Paris, chez Jean Petit-Pas, s. d.*, 1625, in-8, titre gravé par *Crispin de Pas,* mar. rouge, dos et plat semis de fleurs de lis, dent. intér., tr. dor. (*Masson-Debonnelle.*)

263. Les Historiettes de Tallemant des Réaux, troisième édition entièrement revue sur le manuscrit original et disposée dans un nouvel ordre par MM. Monmerqué et Paulin-Paris. *Paris, chez J. Techener,* 1854-1860, 9 vol. in-8, fig., demi-rel. mar. rouge, dos et coins, tête dor., non rognés.

Exemplaire auquel on a ajouté 256 portraits.

264. Histoire de la vie et du règne de Louis XIV, roi de France et de Navarre, rédigée sur les mémoires de feu M. le comte de *** (La Motte, dit de La Hode), publiée par M. Bruzen de la Martinière. *A La Haye, chez Jean Van Duren,* 1740, 5 vol. in-4, mar. olive, fil., dos ornés, tr. dor.

Bel exemplaire en grand papier, aux armes de madame la marquise de Pompadour.

265. Mémoires du cardinal de Retz, contenant ce qui s'est passé de remarquable en France pendant les premières années du règne de Louis XIV. *A Amsterdam, chez Fr. Bernard,* 1731, 4 vol., portr. gravé par *Tho-*

massin. — Mémoires de Gui-Joly, contenant l'histoire de la régence d'Anne d'Autriche. *A Amsterdam, chez Fr. Bernard,* 1718, 2 vol. — Mémoires de madame la duchesse de Nemours, contenant ce qui s'est passé de plus particulier en France pendant la guerre de Paris. *A Amsterdam, chez Fr. Bernard,* 1718, 1 vol. — Ensemble 7 vol. in-12, mar. rouge, fil. à la Du Seuil, dos ornés, dent. intér., tr. dor. (*Belz-Niedrée.*)

266. Mémoires complets et authentiques du duc de Saint-Simon, sur le siècle de Louis XIV et la Régence, collationnés sur le manuscrit original par M. Chéruel, et précédés d'une notice par M. Sainte-Beuve. *Paris, Hachette,* 1856, 20 vol. in-8, mar. brun, fil., dos ornés, doublé de mar. rouge, dent., armes de Saint-Simon en mosaïque, tr. dor. (*Chambolle-Duru.*)

Un des cent exemplaires tirés sur grand papier de Hollande, auquel on a ajouté un grand nombre de portraits gravés par Thomas de Leu, Daret, Boissevin, Montcornet, Desrochers, Odieuvre, Ficquet, etc., parmi lesquels nous citerons : Richelieu, gr. par *Crispin de Pas;* le prince de Condé, gr. par *Parrocel;* La Fontaine, d'après *Rigaud,* gr. par *Ficquet* en double état ; Fénelon, d'après *Vivien,* gr. par *Saint-Aubin* et par *Gaucher* ; J. Racine, gr. par *Savart* ; Louis XIV, gr. par *Landry* ; le prince de Condé, gr. par *Savart;* Bossuet, d'après *Rigaud,* gr. par *Gaucher;* Catinat, gr. par *Savart;* Louis XIV, d'après *Rigaud,* gr. par *Savart;* Turenne, gr. par *Lebeau;* le prince Eugène, gr. par *de Marcenay;* Fléchier, gr. par *Edelinck ;* Boileau, d'après *Rigaud,* gr. par *Savart;* Fénelon, d'après *Vivien,* gr. par *Savart;* Fénelon, gr. par *Ficquet;* Montmorency, gr. par *Thomas de Leu;* La Rochefoucault, gr. par *Choffard* ; Mme de Sévigné, gr. par *Edelinck;* Fénelon, gr. par *Hubert;* Fouquet, gr. par *Nanteuil;* Bossuet, gr. par *de Longueil;* Sully, gr. par *Lebeau ;* Voltaire, gr. par *Ficquet* et par *Lebeau ;* Mme de Maintenon, gr. par *Ficquet;* R. Pucelle, gr. par *Lebeau;* Fontenelle, gr. par *Savart,* épreuve en double état, NON TERMINÉE et TERMINÉE ; d'Argenson, gr. par *de Marcenay;* Maréchal de Villars et Maréchal de Saxe, gr. par *de Marcenay,* etc. — Ensemble 810 pièces.

267. Campagne de l'armée du roi en 1747 (par d'Espagnac). *A La Haye, chez H. Scheurleer,* 1747, in-12, mar. rouge, fil., dos orné, tr. dor.

Aux armes de Mme la MARQUISE DE POMPADOUR.

268. Collection des Mémoires relatifs à la Révolution française, avec des notices sur les auteurs et des éclaircissements historiques par MM. Berville et Barrière. *Paris, Baudouin*, 1825-1827, 58 tomes en 57 vol. in-8, demi-rel. mar. brun, dos et coins, tête dor., non rognés.

Mémoires : du marquis d'Argenson. — De Bailly, 3 vol. — De Ch. Barbaroux. — Du baron de Besenval, 2 vol. — De la marquise de Bonchamps et de Mme de la Rochejaquelein, 2 tomes en 1 vol. — Du marquis de Bouillé. — De Mme de Campan, 3 vol. — Sur Carnot. — Journal de Clery. — Relation du départ de Louis XVI. — Le Vieux Cordelier, Vilate Méda. — Général Doppet. — Général Dumouriez, 4 vol. — Durand de Maillane. — Catastrophe du duc d'Enghien. — Marquis de Ferrières, 3 vol. — Fréron. — Duc de Gaëte, 2 vol. — Guillon de Montléon, 3 vol. — Mme du Hausset. — Linguet. — Louvet de Couvray. — Meillan. — Duc de Montpensier. — Rivarol. — Mme Roland, 2 vol. — Thibaudeau, 2 vol. — Turreau. — Weber, 2 vol. — Riouffe, 2 vol. — Journées de Septembre. — Affaire de Varenne. — Sapinaud. — Guerres de la Vendée, 6 vol. — Baron de Goguelat.

269. COLLECTION COMPLÈTE DES TABLEAUX historiques de la Révolution française (par l'abbé Fauchet, Champfort, Ginguené et Pages). *Paris, Auber, imprimé par Didot aîné*, 1802-1804, 3 tomes en 5 vol. gr. in-folio, mar. rouge, fil., dos ornés, dent. intér., tr. dor. (*David.*)

Très bel exemplaire, auquel on a ajouté les portraits de Louis XVI et de Marie-Antoinette, dessinés et gravés par *Boizot*, *Bora* et *Prieur*; 2 portraits de Necker, dessinés par *Duplessis* et *Queverdo*, gravés par *Saint-Aubin* et *Dambrun;* le beau portrait de Mirabeau, d'après *Delaroche*, par *Henriquel-Dupont;* Lepeletier Saint-Fargeau ; Marat, dessiné par *Boze*, gravé par *Brisson*, épreuve AVANT LA LETTRE ; Marat, gr. par *Vérité*; Pichegru ; Philippe d'Orléans, duc de Chartres.

La suite de quinze estampes sur les principales journées de la Révolution, d'après *Monnet*, gravées par *Helman*, épreuves AVANT LA LETTRE. — 15 pièces sur les batailles de la Révolution, d'après *Martinet*. — Les Garants de la Félicité publique, d'après *Saint-Quentin*, gravés par *Née* et *Masquelier*. — Statue de Louis le Bien-Aimé, d'après *de Sève*, gravée par *Le Charpentier*. — La Philosophie et le Patriotisme vainqueur des préjugés, d'après *Maréchal*, gravé par *Picquenot*. — 3 pièces, sur la Révolution, avec titre imprimé, gravées par *Moitte* (premières épreuves). — Louis XVI accepte la Constitution, gravé par *David*, d'après *Le Jeune*. — 4 pièces anglaises : Séparation de Louis XVI et de sa famille ; la dernière entrevue ; exécution du roy, gr. par *Cardon* et *Schiavonetti*. — Le Dauphin enlevé à sa mère, gr. par *Schiavonetti*. — La princesse Élisabeth sortant de la Conciergerie, gr. par *Schiavonetti*. — Assassinat de Marat et mort de Charlotte Corday, 2 pièces, gr. par *Aliprandi*. — Arrestation et mort de Robespierre, 2 pièces, gr. par *Aliprandi*. — Luttes des jeunes élèves au Champ-de-Mars, DESSIN dans le genre de *Duplessis-Bertaux*. — La Liberté, gr. par *Fragonard*. — La Liberté protège le Commerce, gr. par *Boizot*.

Un album grand in-folio, contenant 205 pièces noires et en couleurs sur la Révolution française, parmi lesquelles nous citerons : Bienfaisance du Roi, pièce dessinée par *Le Barbier*, gravé par *Le Vasseur*. — Louis XVI, père de la patrie, épreuve *avant les noms des artistes*. — 9 pièces gr. par *Henriquel-Dupont*, sur chine, AVANT LA LETTRE. — Madame Élisabeth. — Marie-Thérèse. — Louis XVII. — 2 pièces sur M. de Vergennes, *à Basle, chez Chrestien de Mechel*. — Obélisque élevé à Louis XVI. — Paix rendue à l'Europe, gr. par *Monnet*. — Vive le roy ! gr. par *Débucourt*. — L'Arrêt du Destin, gr. par *Delatour* et *Janninet*. — La Révolution française, gr. par *Duplessis-Bertaux*. — Confédération des départements du Nord, gr. par *Watteau*. — Portrait de Louis XVI, d'après *Vanloo*, gr. par *Sullin*. — Portrait de Marie-Antoinette. — Humanité de Marie-Antoinette, gr. par *Godefroy*. — Les Vœux du peuple, gr. par *Monnet*. — Les États généraux, 2 pièces, gr. par *Patas* et *Moreau*. — Assemblée nationale, gr. par *Monnet*. — Mort de Desilles, gr. par *Le Barbier*. — 4 pièces à la manière noire sur Louis XVI, gr. par *Schiavonetti*. — Portrait de Marie-Antoinette, d'après *Dupont*, gr. par *Tardieu*. — Triomphe de Voltaire, gr. par *Duplessis-Bertaux*. — La Liberté triomphante, gr. par *Monnet*. — La Liberté, 2 pièces, gr. par *Boizot*. — Constitution française, gr. par *Prudhon*. — La Fête de la Réunion, d'après *Ville*, gr. par *Duplessis-Bertaux*. — 3 pièces, gr. par *Fragonard*. — Assassinat de Marat. — Le 31 mai 1793, gr. par *Tassard*. — La Nuit du 9 thermidor, an II, gr. par *Tassard*. — La Liberté et l'Égalité, 2 pièces, gr. par *Moitte*. — Arrivée de Mirabeau aux Champs-Élysées, EAU-FORTE de *Moreau*. — Napoléon, gr. par ISABEY. — Mariage de l'Empereur, 2 pièces, épreuves *avant la lettre* et EAU-FORTE. — Tableau des assignats, 3 pièces en couleurs, etc., etc.

40 lettres autographes ou pièces signées de Marie-Antoinette, Bailly, Lafayette, Calonne, Necker, Condorcet, Lavoisier, Robespierre, Carnot, Prieur, Fouquier-Tinville, Henriot, Durand de Maillane, Carrier, Danton, Chaumette, Manuel, Roberjot, Bonnier, De Bry, Bonaparte, Cambacérès, Lebrun, Talleyrand, Ber-

thier, Moreau, Masséna, Menou, Kléber, Brune, Augereau, Bernadotte, Jourdan, Beurnonville, Mac-Donald. — Ens. 650 pièces.

Le texte des 80 premiers tableaux est en double, l'un rédigé dans le sens révolutionnaire le plus exagéré, l'autre dans un sens beaucoup plus acceptable.

270. **HISTOIRE DE LA RÉVOLUTION FRANÇAISE,** par M. A. Thiers. *Paris, Furne, Jouvet,* 1865, 10 vol. in-8 et atlas in-4, portr. et fig., mar. rouge, fil., dos ornés, dent. intér., tr. dor. (*David.*)

Exemplaire en grand papier de Hollande, auquel on a ajouté: 1° les figures de l'édition en triple état, sur papier de Chine et sur papier blanc; 2° les 180 figures de *Punt* et *Winkeles,* gravées en Hollande, épreuves AVANT LA LETTRE; 3° 40 portraits d'après *Raffet,* pour les Girondins, épreuves sur papier de Chine.

Un grand nombre de portraits dont 14 DESSINS ORIGINAUX, à la sépia, par *Alexandre Tardieu,* sur vélin; portraits de Louis XVI, gr. par *Lebeau, Hubert, Dupin, Massard, Lemire, Saint-Aubin,* etc.; Marie-Antoinette, gr. par *Lebeau, Voyez, Queverdo;* Louis XVI, dauphin, et Marie-Antoinette, dauphine, 2 pièces, gr. par *Massard;* Louis XVI, pièce en couleur, gr. par *Levachez;* Le Peuple aux Tuileries, gr. par *Couché,* épreuve avant toute lettre, etc. — Ensemble 697 pièces.

L'atlas est imprimé sur papier de Chine.

271. **HISTOIRE DU CONSULAT ET DE L'EMPIRE,** faisant suite à l'histoire de la Révolution française, par M. A. Thiers. *Paris, Paulin,* 1845-1862, 21 vol. in-8 et atlas in-fol., fig., mar. rouge, fil., dos ornés, tr. dor. (*David.*)

Très bel exemplaire en papier de Hollande, auquel on a ajouté: 1° les figures de l'édition en double état SUR PAPIER CHINE, et AVANT LA LETTRE, 60 figures dessinées par Raffet, en double état, sur papier blanc et sur papier de Chine; 44 figures de *Devéria,* épreuves AVANT LA LETTRE sur papier chine; quelques EAUX FORTES; 41 DESSINS ORIGINAUX, portraits à la sépia par *Alexandre Tardieu* sur vélin, etc. — Ensemble 428 pièces.

L'atlas est imprimé sur papier de Chine.

2. HISTOIRE DES PAYS ÉTRANGERS

272. **Le Premier (second et tiers) Volume des illustrations de la Gaulle Belgique antiquitez du pays de Haynnau**

et de la grãd cité de Belges a present dicte Bavay, dont procedent les chaussées de Brunehault, et de plusieurs princes qui ont régné et fondé plusieurs villes et citez audit pays et aultres choses singulières et dignes de mémoires advenues durãt leurs règnes jusques au duc Philippes de Bourgogne (extrait du latin de Jaques de Guyse, par Jean Lessabée). *On les vend à Paris, en la boutique de Galliot du Pré,* 1531, 3 tomes en 1 vol. in-fol., caract. goth., mar. rouge foncé, fers à froid, dent. intér., tr. dor. (*Hardy*.)

273. L'Histoire du règne de l'empereur Charles-Quint, par M. Robertson. *A Paris, chez Saillant et Nyon,* 1771, 6 vol. in-12, mar. vert., fil., dos ornés, tr. dor.

Aux armes de Madame VICTOIRE, FILLE DE LOUIS XV.

274. Histoire générale d'Allemagne, par le P. Barre. *A Paris, chez J.-B. Delespine,* 1748, 10 tomes en 11 vol. in-4, front. gravé, mar. vert, fil., dos ornés, tr. dor.

Aux armes de Madame VICTOIRE, FILLE DE LOUIS XV.

275. La Chine, d'Athanase Kirchère, illustrée de plusieurs monuments tant sacrés que profanes et de quantité de recherches de la nature et de l'art. *A Amsterdam, chés Jean Jansson à Waesberge,* 1670, in-fol., fig., veau marbré, fil., tr. dor.

VI. HISTOIRE DE LA CHEVALERIE ET DE LA NOBLESSE

276. Traité des combats singuliers, dédié au roi, par le P. Gerdil. *A Turin, de l'Imprimerie Roiale,* 1759, in-8, mar. rouge, dent., dos orné, tr. dor.

Aux armes du prince EUGÈNE DE SAVOIE.

277. Armorial des principales maisons et familles du royaume, particulièrement de celles de Paris et de l'Isle-de-France, par M. Dubuisson. Ouvrage enrichi

de près de 4,000 écussons. *A Paris, chez Guérin et Delatour,* 1757, 2 vol. in-12, front. et nombr. blasons, mar. rouge, fil., dos orné, dent. intér., tr. dor. (*Chambolle-Duru.*)

VII. ARCHÉOLOGIE

278. L'Antiquité expliquée (en français et en latin) et représentée en figures, par Dom Bernard de Montfaucon. *A Paris, chez Florentin Delaulne,* 1719-1724, 5 tomes en 10 vol. — Supplément, 5 vol. — Ensemble 15 vol. in-fol., mar. rouge, fil., dos ornés, tr. dor. (*Rel. anc.*)

Bel exemplaire en grand papier.

279. Summaire, ou Epitome du livre de Asse faict par le commandement du roy, par maistre Guillaume Bude conseiller dudict seigneur et maistre des requestes ordinaires de son hostel et par luy présenté audict seigneur. (A la fin :) *Fin de ce présent epitome du livre de Asse, imprimé à Paris le sixiesme jour de juing mil cinq cens vingt et sept,* in-8, caract. goth., mar. rouge, fil., dos orné, tr. dor. (*Rel. anc.*)

280. Recueil d'antiquités égyptiennes, étrusques, grecques et romaines (par le comte de Caylus). *A Paris, chez Desaint et Saillant,* 1761, 7 vol. in-4, fig., mar. rouge, fil., dos ornés, tr. dor. (*Rel. anc.*)

Sur les plats de la reliure le nom de « Racine Demonville ».

281. Monument de Ninive, découvert et décrit par M. P.-E. Botta, mesuré et dessiné, par M. E. Flandin. *Paris, Imprimerie Nationale,* 1849, 5 vol. in-fol., 183 planches, demi-rel. mar. brun, dos et coins.

VIII. HISTOIRE LITTÉRAIRE. — BIOGRAPHIE

282. Paléographie grecque et latine d'après les modèles écrits, dessinés et peints, par M. J.-B. Silvestre et accompagnée d'explications historiques et descriptives, par

MM. Champollion-Figeac et Aimé. Champollion fils. *Paris, Firmin Didot*, 1843, 2 tomes en 1 vol. in-fol., fig. en or et en couleurs, mar. bleu, compart. de fil., doublé de tabis, mors de mar., tr. dor. (*Andrieux.*)

283. Histoire de l'Académie royale des inscriptions et belles-lettres, depuis son établissement jusqu'à présent, avec les Mémoires de littérature tirez des registres de cette Académie. *A Paris, de l'Imprimerie Royale*, 1717-1808. — Tableau général raisonné et méthodique des ouvrages contenus dans le Recueil des mémoires de l'Académie royale des inscriptions et belles-lettres. — Ensemble 51 vol. in-4, mar. rouge, fil., dos ornés, tr. dor. (*Rel. anc.*)

284. Le Grand Dictionnaire historique, ou le Mélange curieux de l'histoire sacrée et profane, par M. Louis Moreri. *A Paris, chez les Libraires associés*, 1759, 10 vol. in-folio, front. et portr., mar. vert, fil., dos ornés, tr. dor. (*Rel. anc.*)

Bel exemplaire avec armoiries.

285. Biographie universelle, ancienne et moderne, rédigée par une Société de gens de lettres et de savants. *Paris, Michaud*, 1811-1862, 85 vol. in-8, demi-rel. mar. rouge, dos et coins, tête dor., non rognés.

Exemplaire en grand papier vélin.

286. Vies des hommes illustres de Plutarque, traduites du grec par D. Ricard, ornées de statues, bas-reliefs, cartes et de portraits d'après l'antique. *Paris, chez F.-Aug. Dubois*, 1838, 15 tomes en 28 vol. in-4, figures, demi-rel. mar. vert, dos et coins, tête dor., non rognés.

Exemplaire avec les figures en triple état, sur papier de chine, avant la lettre et les contre-épreuves.

287. Images des héros et des grands hommes de l'antiquité, dessinées sur des médailles, des pierres antiques et autres anciens monumens, par Jean-Ange Canini, gravées par Picart le Romain. *A Amsterdam, chez*

B. Picart et J.-F. Bernard, 1731, in-4, fig.; mar. rouge, fil., dos orné, tr. dor. (*Derome.*)

Bel exemplaire en grand papier, provenant de la bibliothèque du prince RADZIVILL.

288. Œuvres complètes du seigneur de Brantôme, accompagnées de remarques historiques et critiques. *Paris, Foucault,* 1822, 8 vol. in-8. demi-rel. mar. vert, dos et coins. tête dor., non rognés.

Exemplaire en papier vélin.

289. Laforge (Édouard). Des Arts et des Artistes en Espagne, jusqu'à la fin du dix-huitième siècle. *Lyon, Louis Perrin,* 1859, in-8, mar. vert, fil., dos orné, dent. intér., tr. dor. (*Capé.*)

IX. BIBLIOGRAPHIE

290. MANUEL DU LIBRAIRE et de l'amateur de livres, contenant : 1° un Nouveau Dictionnaire bibliographique; 2° une Table en forme de catalogue raisonné, par Jac.-Ch. Brunet. *Paris, Firmin-Didot,* 1860-1865, 6 tomes en 12 vol. in-8, demi-rel. mar. brun, dos et coins, tête dor., non rognés.

Exemplaire en grand papier de Hollande, interfolié de papier blanc.

291. Beauchamps (J. de) et Rouveyre. Guide du libraire antiquaire et du bibliophile. *Paris, Rouveyre,* 1883, in-8, cart.

292. Livres du boudoir de la reine Marie-Antoinette, catalogue authentique et original publié pour la première fois, avec préface et notes par Louis Lacour. *Paris, J. Gay, s. d.,* in-18, demi-rel. mar. vert, dos et coins, tête dor., non rogné.

L'un des 15 exemplaires tirés sur papier de Chine.

293. Description bibliographique des livres choisis en tous genres, composant la librairie J. Techener. *Paris,*

1855, 2 vol. in-8, demi-rel. mar. rouge, dos et coins, tête dor., non rognés.

294. Catalogue des livres rares et précieux, manuscrits et imprimés, faisant partie de la librairie de L. Potier. *Paris, L. Potier*, 1870, in-8, mar. rouge, fil., dos orné, dent. intér., tr. dor. (*Avec la liste des prix.*)

295. Catalogues des livres anciens et modernes, rares et curieux de la librairie Auguste Fontaine. *Paris, Aug. Fontaine*, 1870-1879, 7 vol. in-8, mar. rouge, fil., dos ornés, dent. intér., tr. dor. et demi-rel.

Les trois premiers volumes sont en papier de Hollande, les quatre derniers en papier ordinaire.

296. La Véritable Édition originale de Molière, étude bibliographique par P. L. Jacob. *Paris, Auguste Fontaine*, 1874, in-12, pap. de Hollande, mar. rouge fil., dos orné, dent. intér., tr. dor.

---

297. COLLECTION DES CLASSIQUES FRANÇAIS, avec les notes de tous les commentateurs. *A Paris, chez Lefèvre* (*imprimerie de Jules Didot*), 1821-1828, 73 vol. — Histoire de la vie et des ouvrages de Molière, par Jules Taschereau. *Paris, Brissot-Thivars*, 1828. — Histoire de la vie et des ouvrages de La Fontaine, par C.-A. Walckenaer. *Paris, Nepveu*, 1824. — Ensemble 75 vol. gr. in-8, portr. et fig., demi-rel. mar. rouge, dos et coins, tête dor., non rognés.

Très bel exemplaire, en GRAND PAPIER JÉSUS VÉLIN, auquel on a ajouté les figures suivantes :

BOILEAU, la suite des figures dessinée par *Moreau* en double état, AVANT ET AVEC LA LETTRE ; la suite publiée par *Desenne* en double état sur papier blanc et sur papier de Chine, AVANT LA LETTRE ; la suite dessinée par *Choquet*, épreuves AVANT LA LETTRE ; une suite non signée, épreuves AVANT LA LETTRE ; la suite publiée par Blaise ; le portrait de Boileau gravé par *Savart*. — Ensemble 52 pièces.

BOSSUET, 3 portraits gravés par *Dequevauvilliers*, *Roy* et *Saint-Aubin*.

CORNEILLE, la suite des figures dessinée par *Gravelot* ; la suite dessinée par *Moreau*, épreuves en double état, AVANT ET AVEC LA LETTRE, et le portrait de *Ficquet*. — Ensemble 82 pièces.

CRÉBILLON, la suite des figures dessinée par *Marillier*, épreuves AVANT LA LETTRE; la suite dessinée par *Moreau*, épreuves en double état, AVANT ET AVEC LA LETTRE, et le portrait de Crébillon gravé par *Ficquet*. — Ensemble 31 pièces.

FÉNELON, la suite des figures dessinée par *Marillier*, épreuves AVANT LA LETTRE; la suite dessinée par *Lefèvre*, épreuves en double état, AVANT ET AVEC LA LETTRE; la suite dessinée par *Moreau*, épreuves en double état, AVANT ET AVEC LA LETTRE, et le portrait de Fénelon gravé par *Ficquet*. — Ensemble 128 pièces.

LA FONTAINE, la suite des figures dessinée par *Moreau*, publiée en 1814, épreuves AVANT LA LETTRE; la suite dessinée par *Tony Johannot*, épreuves AVANT LA LETTRE; la suite dessinée par *Bergeret*, épreuves AVANT LA LETTRE, et 32 portraits de différents personnages, dont celui de La Fontaine gravé par *Ficquet*, épreuve dite au *ruisseau blanc*. — Ensemble 82 pièces.

LA ROCHEFOUCAULD, 3 portraits, dont celui gravé par *Choffard*, d'après *Petitot*.

LE SAGE, Gil Blas, la suite des figures dessinée par *Smirke*, épreuves, LETTRES GRISES, tirées sur papier de Chine, et portrait de Le Sage gravé par *Saint-Aubin*, en double état.

MALHERBE, 10 portraits de différents personnages, dont Malherbe et Henri IV, gravés par *Saint-Aubin*.

MOLIÈRE, la première suite de figures dessinée par *Moreau*, pour l'édition publiée en 1773; la seconde suite publiée par Renouard, épreuves en double état, AVANT ET AVEC LA LETTRE; les deux suites de *Desenne* in-8 et in-18, épreuves AVANT LA LETTRE, et le portrait de Molière gravé par *Ficquet*. — Ensemble 130 pièces.

MONTESQUIEU, la suite des figures dessinée par *Moreau* et *Peyron*, et 6 pièces gravées par *Laffitte* et *Devéria*, pour le temple de Gnide, épreuves tirées sur papier de Chine. — Ensemble 20 pièces.

RACINE, la suite des figures dessinée par *Gravelot*, épreuves AVANT LA LETTRE; la suite dessinée par *Moreau*, épreuves en double état AVANT ET AVEC LA LETTRE; la suite dessinée par *Prudhon*, *Gérard*, etc., AVANT LA LETTRE; la suite dessinée par *Desenne*, épreuves AVANT LA LETTRE, et le portrait de Racine gravé par *Savart*. — Ensemble 66 pièces.

Total des portraits et figures : 650 pièces.

A la fin de la dernière vacation, il sera vendu trois belles bibliothèques vitrées à trois corps en poirier noirci et ciré.

TABLE DES DIVISIONS

THÉOLOGIE

JURISPRUDENCE

SCIENCES ET ARTS

BELLES-LETTRES

HISTOIRE

Paris. — Typ. Georges Chamerot, rue des Saints-Pères, 19. 16881.

Les Livres dont se compose cette Bibliothèque pourront être examinés, avant la vente, chez **MM. FONTAINE** et **HAVERNA**, 35, passage des Panoramas.

Paris. — Typ. G. Chamerot. — 16884.

www.ingramcontent.com/pod-product-compliance
Ingram Content Group UK Ltd.
Pitfield, Milton Keynes, MK11 3LW, UK
UKHW012247240726
13966UKWH00004B/1340